定期購読者限定 『算数授業研究』公開講座

@ 東洋館出版社　2022/09/10

東洋館出版社新社屋で

オンライン開催

JN032926

秋の研究会報告

青山尚司による、5年「速さ」オンライン授業公開

3人の講師による『算数授業研究』講座

講師陣の紹介企画

FEATURES

算数の学び方
──自立的・主体的な学び手を育てる

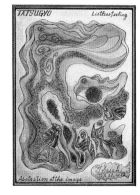

表紙解説　「心象抽象／Listless feeling」　八洲学園大学 教授　佐々木達行
　デザインテーマ「心象抽象」，本号の主題は「物憂げな気分（Listless feeling）」である。形態は曲線と曲線に囲まれた不定形を組み合わせて曖昧で漠然としたシュールレアリスティックなイメージを演出した。色彩は黄、茶の暖色系を主色に全体のバランスを考えた彩色である。また、黒の細線による不定形のシルエットは内的なニュアンスを捉えたものである。

▶ 巻頭言

ある卒業生の話

6年前に卒業したH君の話である。

H君を担任したのは4年生からの3年間。

私は，「愉しみは自分（子供が）でつくる」を目標に学級づくりに取り組んでいる。だから，私からお楽しみの提供はせず，子供たちが愉しみをつくるのをじっと待つようにしている。クラス替えをしてからしばらくは，どの子も，新しい仲間の出方を伺い，なかなか自分から愉しみをつくる気配は見えない。H君は，そんな学級がつまらなかったのだろう。「〇〇しようよ」と声をあげ，学級の愉しみをつくりだした。それからというもの，H君は多くの愉しみを学級にもたらした。

卒業後，H君から届く年賀状。そこに書いてあるのは毎年同じ一文で，「愉しみをつくっています」だった。昨年，H君が，文化祭の実行委員長になり活躍しているというのを風の便りで聞いた。「愉しみは自分でつくる」を実現しているのだと，うれしく思った。

H君の紹介はこのくらいにし，話を本題に移そう。そんなH君が，先日，小学校を訪れてきた。そして，H君から，T大理科二類へ入学したという報告を受けた。

「そういえば，H君は，算数の授業では，発言は多いほうではなかったが，深く考え，自分の考えを振り返り，思考過程がよく分かるノートを作っていたなぁ！」と，大学入学の報告を受けたときに思い出した。

H君に，受験勉強はどうだったかを聞いてみた。すると，数学の成績が思うように上がらず，困った時期があったと話をしてきた。

「なんとかしないと……」と悩んでいた時，算数の授業の最後の場面で私が子どもにさせていた，『授業に題名をつけよう』という活動を思い出したというのである。『授業に題名をつけよう』とは，授業の終わりの場面で，授業中に大事に思ったり，衝撃を感じたりしたこと，つまり，授業で一番心に残ったことを一言にあらわし，「題名」として残すという，知識を整理するための「まとめ」の方法である。知識の整理だけでなく，学習したことをエピソード記憶として残すことも目的として，『授業に題名をつけよう』をさせていた。

H君は，その『授業に題名をつけよう』を思い出し，数学の問題を解くたびに，解いた問題に「題名」をつけることを試してみたというのである。すると，それまではそれぞれが別々に見えていた数学の問題が，整理され，関連づけがなされたというのである。それにともなって，数学の成績も伸び始めたというのだった。

H君はお世辞で話をしてくれたのだろう。それでも，H君が，受験勉強で困ったときに，私との算数授業でおこなった『授業に題名をつけよう』を思い出し，それを活用しようとしてくれたことが，素直にうれしかった。

今も，私は，『授業に題名をつけよう』に取り組ませている。これまでも意味があると思って子供たちにさせてきたが，H君の話を聞き，さらに自信をもってさせることができるようになった。H君に感謝である。

そんな，『授業に題名をつけよう』であるが，本特集でも掲載さしていただいた。ご一読いただければ幸いである。

143号編集担当　大野桂

特集　算数の学び方

主体的・自立的に問題を解決できる子どもを育てる

大野　桂

■「主体的・自立的に問題を解決する」具体

次の問題に直面したとする。

> 円の形をした土地の中に，半径上に一直線に並んでいる A さん，B さん，C さんの家があります。
>
> どの家にも同じ面積で同じ形になるように土地を分配したいと思います。
>
> どのように分けたらいいのでしょうか。

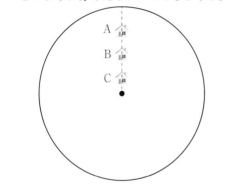

どのように問題解決していくのだろう。まったく解決に手をつけられない人も多いのではないだろうか。とはいえ，「分からな」いと，じっと腕組みして待っていても，問題解決は進まない。

そこで，この問題はこのままでは解決できなくても，例えば，次のように取り組めば問題解決を進めることはできないだろうか。

(1)「これならできる」に置き換える

直面した問題に手がつかないなら，手をつけられる問題場面に，とりあえず置き換えてみるのである。

> 次のように，A，B，C の家が円の形をした土地の中にあって，どの家にも同じ面積・同じ形になるように土地を分配するとき，どのように分けたらいいですか？

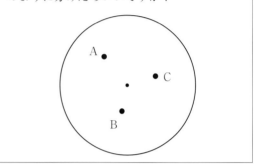

これなら簡単に分配することができるだろう。ケーキを切るみたいに扇形に切り分ければ，同じ面積で同じ形に分けられる。

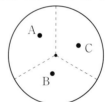

これが本問題を解決するための本質になるのだが，まだこの段階では気づかないだろう。

(2)「こうもできる」と，多様に発展的に考える

簡単にできる場面では，そのやり方だけで考えを終えてはならない。なぜなら，この後，最初の問題に取りかかる際，解決に向かうための武器をたくさん持っておいた方がよいからである。

そこで，扇形ではない切り分け方を考えてみたい。

5 年「合同」の学習や 4 年「四角形」の敷

き詰めの授業で学んだことを活用すれば，先ほどの扇形を，次のように変形させることができる。

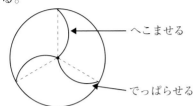

へこませる

でっぱらせる

　簡単な方法を，発展させたこの方法が，問題解決の本質へとつながることとなる。

（3）「これもできる」と最初の問題に近づける

　上の図が見えると，最初に直面した問題に取りかかれそうな気がしてくると思う。

　そこで，「出っ張らせて，へこませる」という方法を使って，「AとBの2つの家だけが半径上に一直線に並んでいる場合」について考えてみる。

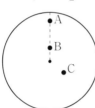

A

B

C

先ほどと同様に扇形に分けたのでは，AとBは同じ土地に入る。

　ここで，「出っ張らせて，へこませる方法」を使ってみる。

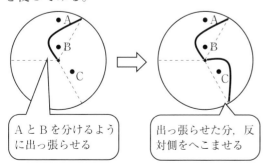

AとBを分けるように出っ張らせる

出っ張らせた分，反対側をへこませる

　A，B，Cが別々の場所に同じ形で切り分けられたことが分かる。

もう1か所の半径も同じように形を変える

A

B

C

（4）「じゃあ，これもできる」と最初手がつかなかった問題に取り組む

　ここまでくれば，最初の手が付けられなかったA，B，Cが半形上に一直線に並んでいる問題も，「じゃあ，これもできる」と解決することができる。

　例えば，次のように半径の形を変えて，うまくA，B，Cが3カ所に分かれるようにすればよいということになる。

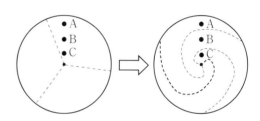

A
B
C

A
B
C

■　「主体的・自立的に問題を解決する」とは

　算数授業では，「算数の内容が分かる・できる子ども」に育てるだけではいけない。問題に直面したときに，「主体的・自立的に問題を解決する子ども」に育てることも重要である。

　それは，提起文で示したような，問題解決を進めるための「方略」を身に着けさせることが重要であり，そして，それと同じくらい，問題解決を進めるために「仲間と協働する方法」を身に着けることも重要である。

　本特集では，主体的・自立的に問題を解決する子どもに育てるため，「方略を身に着けさせる指導」と「仲間との協働の仕方の指導」に焦点を当て執筆させていただいた。

新たな発見に面白さを感じ，追究を続ける子

夏坂哲志

　コロナ禍になり，オンライン上で子どもと教師，子ども同士がつながる手段の一つとして，本校では「まなびポケット」を利用している。私は今，6年生1クラスの算数授業を担当しているが，その中の一人の女の子（R子）が，「まなびポケット」の個別メッセージに，「金曜日の授業後，先生に全体を100%（10×10）とした時の57%になっていると言いました。その事について考えてみたので，もし良かったら見て下さい」という言葉に続けて，自分のノートの写真（3ページ分）を投稿してきた。

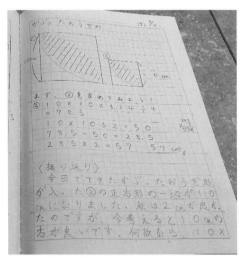

　上の写真からもわかるように，この日の授業では，おうぎ形を2つ組み合わせた葉っぱのような形の面積について考えた。大きさの異なる同じ形を提示して，「葉っぱの部分の面積は何倍ぐらいに見えるかな？」と問い，自分たちの感覚的な予想を計算で確かめるという展開である。

　授業後の休み時間に，R子は私のところにやってきて，「全体が100だから割合が使えるんじゃないかなあ」と話していた。（＊1）写真のノートを読み，そのことを思い出した。

　ノートには，葉っぱの形の面積を求める式に続いて，〈振り返り〉（＊2）として次のように書かれてある。

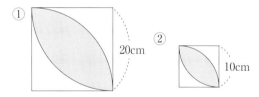

　今日出てきたかぶったおうぎ形が入った②の正方形の一辺が10 cmになりました。私は，2 cmがよかったのですが，今考えると，10 cmの方がよいです。（＊3）

　なぜなら，10×10は100だからです。100を100%だととらえられるからです。

　②のかげの部分は57 cm²でした。

　つまり，100%中57%です。

　次から，□×0.57のように求めることができます。だから，20×20×0.57＝228で①は228 cm²だと思います。

しかし，いつもこれが通用するのでしょうか。（＊４）ためしに，円周率を3.1として計算してみました。

$$20×20×3.1÷4＝310$$
$$20×20÷2＝200$$
$$310−200＝110$$
$$110×2＝220$$

ふつうに計算すると，こうなりました。

次に，0.57の方法でやると，$20×20×0.57＝228$になってしまいました。

ちなみに，円周率を３として計算すると200で，0.57の方法だと228でした。

どうやら，円周率が3.14でないと合わなくなってくることがわかりました。

＊印の部分に，R子の算数に向かう姿勢が見える。私が「いいな」と感じるところである。以下，そう思う理由を述べてみたい。

（＊１）これまでに学習したこととつなげようとしたことがわかる。

前の時間に，上の２つの形（陰の部分）の面積を求めた。そのときに，「どちらも，外側の正方形の78.5％と見ることができる」ということに少しだけ触れた。このように，全体に対する割合として見る見方を，R子は「正方形の面積が100 ㎠」ということと関連させて思い出したのだろう。そして，休み時間にそのことを話しに来た。だが，この時点ではまだなんとなくそんなことが思い浮かん

だだけで，確信を得ているわけではない。

（＊２）そこで，家に帰ってから続きを考えてみた。ちなみに，私から「振り返りを書きましょう」などと言ったことは一度も無い。これは，周りの子の中にそうしている子がいて，それを真似て〈振り返り〉と書いたのではないかと思われる。

（＊３）前の時間の授業で私は，「正方形の１辺を何㎝にしてほしい？」と子ども達に尋ねていた。だから，本時でも「１辺が2 ㎝だったら計算が楽なのになあ」と思っていたようだ。そういう声は確かにあったのだが，私の方から「１辺の長さは10 ㎝」と指定した。その時のことを思い返しているのである。そして，「全体が100」になることを知った後，「10 ㎝の方がよいです。なぜなら〜」と，その理由まで述べている。

（＊４）□×0.57で葉っぱの形の面積が求められることがわかったことで満足せず，その式がいつでも使えると言えるのかどうか，確かめようとした。そして，「ためしに〜」と，円周率の近似値を変えながら，計算して確かめている。結果として，0.57と3.14が関係していることに気がついたようである。

R子は，算数がそれほど得意というわけではなく，テストの結果も平均点ぐらいの子である。目立つタイプの子でもないのだが，自分の考えをしっかりともち，授業中の挙手は多い。間違うこともよくあるのだが，納得のいくまでノートに向かって考えている姿がよく見受けられる。目指したい学びの姿の一つと言える。

「自分なりの問い」を基に課題をつくり，友だちと共に素直に考える子ども

盛山隆雄

1 算数における理想とする子どもの姿

2012年6月〜2015年6月まで本校は「日本の初等教育　本当の問題点は何か」というテーマで研究をしていた。そして，2013年6月に算数分科会において「算数における理想とする子どもの姿」を発表している。その言葉をご紹介する。

今日も新しいことを発見しようと思い，わくわくしながら授業に臨む。
問題を捉えようと，イメージを膨らましながら積極的に関わる。
型にとらわれず，自由な発想で問題に立ち向かう。
試行錯誤することをたのしみ，自分なりの問いを創る。
友だちを信頼し，素直に友だちにきいたり，意見したりする。
失敗の中にその人の思いを読み取り，失敗を生かすことができる。
新しいものに出会えば感動し，再び取り組むべき問いへと成長させ追究する。
考えたことは友だちに伝えたいという意欲をもち，友だちのわかり方に応じて表現の仕方（図・表・式・言葉）を工夫する力がある。
解決の方法や自らの問いの成長を振り返り，友

だちと共に洗練を目指す。
算数の世界を自らの手で拡げようとする精神に満ちている。
そんな算数教室を私たちは創りたい。

これらの言葉は，算数部が話し合いを重ねて考えたものであり，その中に私もいた。だから，この中に「私が理想とする算数の学び手」のイメージが表現されている。

2 私が理想とする算数の学び手

「算数における理想とする子どもの姿」の中で，私が特に強調したいのは，次の2つの部分である。

①
「試行錯誤することをたのしみ，自分なりの問いを創る。」
「新しいものに出会えば感動し，再び取り組むべき問いへと成長させ追究する。」

②
「友だちを信頼し，素直に友だちにきいたり，意見したりする。」

①は，問いをもって考えるということの大切さである。算数では，数学的に考える力をつけることが最も大切なのだが，そのために

は「自分なりの問い」が欠かせない。問いをもとに課題を設定して考える姿こそ，主体的な学び手のイメージである。そして，算数という教科の特徴を考えると，その「自分なりの問い」は，途切れるものではなく，継続的なものになる。整数を小数数にしたら……，三角形を四角形にしたら……，と問いを成長させることができれば，考え続ける子どもの姿が生まれる。理想の算数の学び手の大切な要素である。

②は，素直に学ぶことの大切さである。既習や自分の経験を基に自分の考えを持つこと。そこには，先行知識や答えが合っていればいいというような観念に振り回されることなく，自分の頭で素直に考える姿がある。そして，自分の考えを持ったときに頑なになるのではなく，友だちの意見を聞き，自分の考えとすり合わせて，意見をしたり自分の考えを修正したりする。その素直さ，柔軟さを大事にさせたい。

友だちと知恵を出し合って問題をよりよく解決することがいかに楽しいことか。その経験は，数学的活動の楽しさを知ることであり，延いては，友だちや算数をリスペクトする心を育てることなのだと思う。

3 ある授業のエピソード

4年生で72÷3の計算の仕方を考える授業をしたときのエピソードを紹介する。

72円を3人兄弟で等分する場面だったので，10円玉と1円玉の図が登場している。

上の板書をみればわかるが，同じ授業の中で60÷3も扱っていたので，その既習を用いて，72を60と12に分けて60÷3＝20，12÷3＝4，20＋4＝24と考える方法が発表された。この方法は図でも説明されたので，多くの子どもが納得したのである。ところが，このときに一人の子どもが手を挙げた。指名すると，

「なんで72を60と12に分けたの？」

と言った。この問いに対して，多くの子どもが「なんでそんなことを聞くの？」と逆に疑問を持った。当たり前と思っていたからだ。

「72に近い数で60だったら3で割り切れるから，60と12に分けたんだけど。」

と誰かが話した後に，質問をした子どもは，不安そうな表情をしながら次のように話した。

「69÷3って前にやったので，69÷3＝23で簡単でしょ。72まであと3だから，3÷3＝1で，23＋1＝24と考えました。」

この話を聞いて，みんなが

「あ〜なるほど，そうかあ！」

「ということは69と3に分けたってことか。」

その子どもも，既習を基に素直に考えていたのである。それを勇気をもって表現してくれた。こんな場面に出会うたびに，子どもの素直さを大切にしなければと思うのである。

「これじゃできないよ」

問題を捉え，自分で条件を設定する

盛山隆雄

1 条件があいまいな問題の意図

4年生の子どもに次のような問題を出した。

> 76 cm の針金で正方形を2個作ります。
> 1辺の長さは何 cm ですか。

この問題に対して，次のような反応が子どもから返ってきた。

「これではできないよ。」

「正方形が1個だったらできたのに。」

このように意図的に問題の条件をあいまいにして，一見して解決ができないような問題を出すことがある。

上記の子どもの反応に対して，なぜそう思うかを問うと，次のような言葉が返ってきた。

「だって正方形2個ということは，同じ辺の長さが8本でしょ。だから76÷8をすればいいけれど，割り切れません。」（わり進みはまだ未習）

「正方形が1個だったら，76÷4＝19だから，1辺が19 cm の正方形になります。」

このように，解決できない理由や，条件がこうだったら解決できる，という話をさせることで，問題を捉えさせていく。

2 条件を設定して解決をする

この問題では，ある子どもが次のことに気づいた。

「これって，2つの正方形の大きさを変えてもいいんじゃないかな。」

知らず知らずのうちに等しい正方形2個を

作ることをイメージしていた子どもたちは，この友だちの意見で大きさが異なってもよいことに気づかされたのである。

しばらくすると，教室のあちらこちらから「できた！」という声が聞こえた。例えば，次のような正方形である。

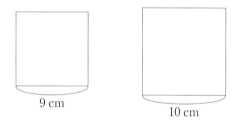

「まだできるよ！」

と言って，子どもたちは他にも正方形の組を発表していった。

正方形①の一辺（cm）	1	2	3	4
正方形②の一辺（cm）	18	17	16	15

このように表に整理することで，正方形の一辺の和が19 cm にきまりに気づいたり，その理由について考えたりする展開になった。

3 さらに条件を変えて考える

次の時間，ある子どもが，次のような正方形2個でもよいか聞いてきた。

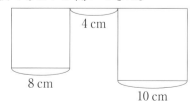

この発想をみんな面白がり，このパターンの2個の正方形づくりを行った。

問題を捉える学び方

「詳しく知りたいな」

夏坂哲志

1 似て非なるもの

1年生の「長さ比べ」の学習。「ハガキの縦と横の長さはどちらが長いでしょうか？」と子どもに尋ねたとする。この場合は，見た目で判断できるので，比べるための方法を考える必要性は感じない。しかし，提示する四角形の紙がほぼ正方形の長方形であれば，見た目では判断できないので，「比べてみたい」という気持ちが湧いてくる。そして，「どのようにして比べればよいか」を考え始める。

この例のように，「あれ？　どちらが正しいのだろう？」とか「どんな答えになるだろう？」という感じたときに，「はっきりさせるための方法を考えよう」とすることが，学びを前進させることにつながる。

解決のための方法を人任せにするのではなく，自分なりの方法を考え，それを試してみようとする子にしたい。そのためには，自分で乗り越える経験を多くさせる必要がある。

一つの方法として，判断に迷うような「似て非なる」場面を設定し，そこから先は子どもに委ねてみる。そこで感じた面白さが，次も自分で考えてみようとする原動力となる。

「長さ比べ」に限らず，「広さ比べ」「重さ比べ」など，「測定」領域においては，感覚では判断できない「似て非なる」ものを提示するというのは，一つの有効な手段であると言える。このような教材研究は，他の領域の場合にも参考になる。

2 「数と計算」領域，「図形」領域の場合

例えば，「数と計算」領域であれば，「200×200と199×201の答えは同じになるだろうか」のような先行実践がある。直感的には，「同じ」と言ってしまいそうである。しかし，計算してみると答えが異なることがわかる。子どもの中には，「計算しなくてもわかる」と言い出す子もいる。積の一の位に着目すればよいのである。このような見方は，他の場面でも活用できるものになる。

「図形」領域で同様のことを考えるならば，「この四角形は正方形だろうか？」とか「合同な図形はどれでしょう？」「線対称な図形はどれでしょう？」のように，図形を弁別する活動において，やはり見た目では判断できない場面をつくるという方法がある。

他にも，きまりや必勝法を考える場面や，確率を確かめる場面などにおいても，「はっきりさせたい」という気持ちを引き出すことができそうだ。

3 問題文の言葉に敏感になる

尋ね方によっても子どもの反応は変わってくる。例えば，次の2つを比べてみよう。
㋐正方形は何個できるでしょうか？
㋑正方形は何種類できるでしょうか？

「何個」と「何種類」の違いに気づき，そこでちょっと立ち止まり，違いについて考えてみることで，子どもの学び方は変わるはずである。

「これはできないな」

青山尚司

1 見た目の大小判断から数値化へ

じゃがいも掘りの翌日に行った5年生との授業である。画用紙で作ったじゃがいも12個を提示し，4人で分けることを伝えた。「1人3個ずつ」という声があり，右のように分けると，「大きさが違うから，ただ数を同じにしても平等じゃない」という反応があった。しかし，大きさで分けようとすると大小判断でいちいち意見が分かれ，どうもうまくいかない。子どもたちは，「できない」と困りだした。するとある子が，「重さがわかればいい」とつぶやいた。なぜかを問うと「1人ずつの重さを同じくらいにする」という説明が引き出された。じゃがいもの紙を裏返して右のように重さを示すと，子どもたちは「これならできそう」と分け方をかき始めた。

120.3g,	219.2g,	213.5g
185.2g,	199.3g,	114.4g
280.8g,	96.4g,	180.4g
172.1g,	108.6g,	185.2g

2 組み合わせる方法から平均の考えへ

多くの子は，重い順に①～⑫の番号を付け，①と⑫，②と⑪，③と⑩，④と⑨を組み合わせ，残り4つをどう分けるかを考えていた。しかし，重さの合計がどうしても揃わず，再び「できない」と困っていた。そのときある子が，「1人500g！」と声を上げ，「重さを全部足して，それを4で割って1人あたりの重さを求めました」と説明した。重さの合計2000gから，合わせて500gになる組み合わせを4人分作ればいいことが見えた子どもたちは，「これならできそう」と，また分け方を考え始めた。

3 個数へのこだわりを捨てる

ところがしばらくするとまた，「できない」という声が聞こえてくる。「4人分全部500gぴったりにならない」というのである。ひとまず500gにできた組み合わせを問い，180.4g，199.3g，120.3gのじゃがいもを1人目のところに置いた。すると「先生！　全部できました」という子がいた。「え？　できないよ」，「嘘だ」という反論の中，その子は「2人目は，219.2と280.8」と発言した。「もう1個は？」という質問に，「2個でいいの」と言う。確かにその2個の重さの和は500gになっている。その後も試行錯誤しながら話し合い，最終的に「3人目を213.5，172.1，114.4にしたら，残りの4個も500gなった！」という解決に至った。

4 「できない」と「できそう」の繰り返し

本実践で引き出された，数値化や平均，個数よりも重さに重みをつけるアイデアは，「できない」を乗り越えるために見いだした工夫である。授業の中で，「できない」と「できそう」を行き来し，少しずつ乗り越えていく経験を重ねることは，思考を停止せず，何が問題かを明らかにしながら，考えを修正する子どもを育てていくのである。

問いを生み出す学び方

「試してみたら何かわかるかな」

試してみて
修正していく
姿勢を育てる

中田寿幸

1 4年のわり算の導入

『48枚の色紙を3人で等しく分けます。

1人分は何枚になるでしょうか』

式は多くの子どもが書ける。48÷3である。

3年まではかけ算九九を1回適応のわり算を学習してきた。ところが48は3の段の九九の答えにはない。子どもたちは困る。

困った子どもは48をじっと見つめる。すると4と8に見える。4は40である。とりあえず、十の位の40と一の位の8に分けてみる。「48を分けて40と8にして、数を小さくして計算して、後から合わせればいいのでは？」と問いができる。これまでにもたし算、ひき算、かけ算で、数が大きいときには数を分けて計算して、あとから合わせることを学習してきている。わり算では3年のときに36÷3などのわり算は30÷3と6÷3に分けて解決してきた経験がある。

ところが分けた40が3の段の九九にない。

友だちの困り具合を共有すると、「じゃあ、いくつだったら3でわり切れるんだろう」と新しい問いができる。

3の段の九九で一番大きいのは3×9＝27だから、残りの21÷3と合わせる方法が出される。30と18、33と15、36と12に分ける方法が出てくることもある。また、40の周辺で3でわり切れる数を考えると、40よりも1小さい39÷3と9÷3に分ける方法が出されるときもある。48を半分にして、24÷3＝8が2つ分と

考える子もいる。大切なのは位で分けているのではなく、3でわり切れる数に分ければよいことが見えてくるのである。

2 わる数も商も2位数のわり算

わる数が2位数で商が2位数になるわり算は難しい。『252円を12円ずつ分けると何人に分けられるか』という問題を考えた。

式は252÷12になる。

これまでと同じように仮の商を立てようとすると、10がたってしまう。それでもまだあまりが大きい。「答えが10をこえちゃうね」「答えが2けたになっちゃうんだ」と困り具合がそのまま問いになっていく。

「でも、とりあえず、10人にはいけるよね」とつぶやく子がいた。252円から10人分の120円を引くと132円が残る。「さらに10人にも分けられるよね」とさらに120円が引かれる。「ということは20人は大丈夫ってことだね」「だったらいきなり20にいってもいいんだよね」となった。「とりあえず20人」と考える方法である。

とりあえずわかる「とりあえず10」「とりあえず20」で答えを出しながら、その先で少しずつ修正を重ねて、答えに近づけていった。

わり算で一気に答えを出していくのが難しいときは、とりあえずわれる分だけわっておく。そして、わられる数を小さくして、さらにまたわっていく。試してみて修正しながら答えに近づけていくとよいことが見えてきた。

「あの時に学習したな」

夏坂哲志

1 エピソードとつなげて学ぶ

　授業の中で，ある一人の子の考え方に名前が付けられることがある。

　五年生で「面積」の学習をしていた時のこと。ひし形の面積が「対角線×対角線÷2」で求められることを説明するときに，ひし形を対角線で2つの三角形に分け，それぞれの三角形の底辺と高さを変えずに等積変形をして説明した子がいた。

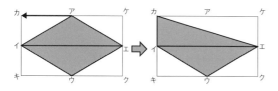

　「三角形は，底辺と高さが同じであれば，その面積は等しい」ということは，どの子も知っている。三角形の1つの頂点を，高さを変えずに連続的に移動させ，その変化の様子をPCで見せたりもした。けれども，ひし形の面積が，その外側の長方形の半分であることを説明するときに使った子は，Kさんだけだった。

　Kさんがこの説明をした時，言っていることが理解できない子も数名いた。しかし，説明を途中で区切りながら続けていくうちに，みんなに伝わった。自然と「すごーい」と拍手が起こった。そのよさがわかったのである。

　それ以来，面積の求め方を考える時に，このような方法を使う子が増えた。そして，説明の時には，「Kさんの方法を使うと……」

と話し始めると，「ああ，あの方法だね」とすぐにみんなで考えを共有できるようになった。

　この例のように，自分たちが前に考えたときの様々なエピソードと結びつくことによって記憶に残り，また必要なときにすぐにその記憶を引き出したり，その方法を使ったりできるのである。

　そのエピソードとは，驚きや感動である場合もある。その時に誰が発表したのか，黒板にどんな図をかいたのか，どんな言葉を使ったのか，周りの子がどんな反応をしたのか，といったその時の場面がそのまま映像や音声として頭に残っていることもある。だから，ノートをめくって，「ここに，それが書いてある」と言えるのである。

　そういう場がつくれるよう，授業者は心掛けたい。

2 繰り返して使う

　新しい方法，よりよい見方・考え方を子ども達が見つけることができたら，それを，場面を変えて，繰り返し使ってみることが大事である。

　数時間後の授業で，そのことを意識した問題に取り組ませるのも一つの方法である。そこで，子どもが「あの方法が使えそうだ」と気づけたら，大いに褒めてあげたい。そして，「Kさんの方法」のように，みんなで使えるクラスの共有財産のようなものが少しずつ増えていくとよい。

経験や感覚と関連付ける学び方

「こんな感じかな」 数量や図形の感覚をたよりに見通しをもつ

中田寿幸

■1 「これならできる」数で考えてみる

3年生の3位数×1位数の導入である。
『234円の桃を4個買います。代金はいくらでしょう』

桃1個の値段は空欄にして板書して，最後に書き入れた。これにより数値に注目させることができる。

書き入れるとすぐに「えー，大きい数だな」の反応が出る。今まで2位数だったから素直な反応である。

「きりが悪いなあ」という反応もあった。

「きりが悪いとはどういうことか」聞いてみた。「3けたで大きい数だから嫌だなと思ったんだけど，100とか200みたいに，切りがよかったら分かりやすいなあと思って」という。100だったら100×4，200だったら200×4，300だったら300×4でできる。

ここで，250だって切りがいいよという発言が出た。「250はちょっとやだな」という子どもと，「250もいけるよ」という子どもに分かれた。いけるよという子どもは250は200と50に分ければできるという。

「これならできる」とこれまでの経験から出した数値を検討していくことで，問題の234という数も，200と30と4に分ければこれまでの計算でできることが見えていった。

■2 三角形の頂点はどこかをイメージする

折り紙を使ってできるだけ大きな正三角形をつくろうとするとき，子どもは次のように折ることがよくある。

正方形を半分に折って長方形を作り，できた中央の点と頂点をつなぐ。しかし，これでは二等辺三角形になってしまう。

「頂点はどのあたりなんだろう？」と聞くことで，子どもは頂点の位置を探りながら，正三角形をイメージしていく。

頂点の位置を下に下げていくので，「どうして下げたの？」と聞く。すると，「これだと長いから」と斜辺の2つが長すぎるので，短くするために，頂点を下げていくことを表現していく。

ここで，頂点をずっと下げたところにすると，子どもは「下げ過ぎ！そんなに下げたら短くなっちゃう！」という。そこで「どこかと同じ長さにしようとしているの？」と聞く。すると，正三角形の底辺や折り紙の一辺に目を向けていくようになる。

その後，2枚の折り紙でイメージしていた頂点を「ここあたりかな？」と探っていく。頂点が折り紙

の真ん中にくることが見えてくる。そして，この動きがこのあとコンパスでの作図でも同様の動きをしていくことが見えてくるのである。

「だったら分かる」で本質を明らかにする

大野　桂

題材は，5年「円と正多角形」の活用問題として扱った，「円周角の定理」である。

具体的には，「中心角の大きさを2aとした時，円周角の大きさはaになる」という理由を明らかにする活動である。

まずは，ゴム紐を用いた教具を用い，円周角について説明をした。

そして，以下のように動的にみせながら，円周角は円周上を移動する頂点によって変化していくことを確認した。

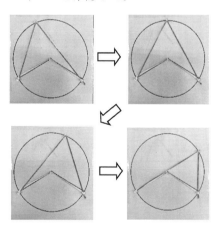

ここで，「中心角が120°の時，円周角の大きさは分かる？」と問うてみた。子どもたちの反応は，全く分からない様子であった。

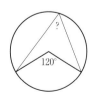

そこで，「円周角が移動する様子を見せたけど，『この場所だったら円周角の大きさが簡単に分かる』という円周角の場所はある？」と問いかけてみた。

すると，「ある！」という声が多数あがり，右に示す，「円周角を構成する辺と中心角を構成する辺とが重なる」という，極めて特殊な場所が子どもから提示された。

そして，子どもたちは次のように考えた。

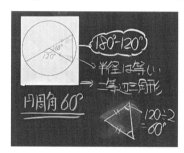

これがきっかけとなり，「円周角の大きさを求めるには，円の半径，二等辺三角形が有効に働くかも」と，子どもの思考が促進し，次に示す「真上の場合も分かる」と述べた。

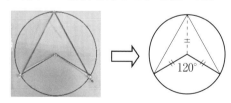

そして，「円の半径とそれによって作られる二等辺三角形によって，円周角の大きさを明らかにできる」ことを次々に見出していった。

「だったら分かる」は，算数の本質を見出すことに繋がる，大事な学び方なのである。

解決に踏み出す学び方

「図にしてみようかな」 図を使って解決に踏み出す

盛山隆雄

1 図が必要な問題場面（比の活用）の提示

6年生の子どもにクラスの旗を作る問題場面を提示した。そして、たて120cm、横200cmの布を使うことを話した。

まず、この布の比を考えてみた。120：200を簡単な比に直すことで、3：5であることがわかった。

次に、クラスの旗は、黄金比である1：1.6にしたいことを伝え、次のような問題を提示した。（1：1.6は5：8と考えることにした。また、黄金比については、前の時間に話題にしている）

> 5：8の比の旗にします。横の長さは200cmとして、たての長さは何cmにすればいいでしょうか。

比の8に対応する長さは200cmとわかっていて、比の5に対応する長さを求める問題である。しばらく自力解決をしたが、手のつかない子どもが見受けられた。何を困っているのかを尋ねると、「どうやって考えていいかわからない」と素直に答えた。

そこで考えるための方法を一度全体で確認することにし、次のような対話を行った。
「どうやって考えればいいと思いますか？」
「図をかいて考えればいいと思います。」
「線分図がわかりやすいです。」

2 線分図の活用

どのような線分図をかくとよいのかを課題にして、みんなでかいてみることにした。

これまでの比の授業の中で、線分図を使って考えたり説明をしたりする場面があったので、手がつかない子どもへのアドバイスとして線分図が登場したのである。上の図は、線分を長さと比を対応させて見られるようにし、縦の長さを$x$cmとしている。

3 縦の長さが足りない。だったら…

線分図を利用して、縦の長さを計算した。$200 \div 8 = 25$、$25 \times 5 = 125$。また、$200 \times \frac{5}{8} = 125$。答えは125cm。図を使って説明も行われた。

この結果、なんと布の縦の長さが足りないことが判明した。そこで、子ども達から「だったら横の長さを変えればいい」という案が出た。その案をいかして「縦の長さは120cm、5：8にするには横の長さは何cmにすればいいか？」という問題に取り組んだ。この問題では、子どもたちは真っ先に下図のような線分図に表して考えようとした。

解決に踏み出す学び方

「取りあえず試してみようかな」 「野生の勘」を磨く

森本隆史

1 野生の勘

6年生の子どもたちと円の面積の求め方について学んだ後に，下の図を黒板にかいて，「色のついた部分の面積の合計を求めよう」と言った。

子どもたちにも同じ図をノートに書いてもらった。正方形の一辺の長さが気になっているようなので，一辺の長さは20 cmということを子どもたちに伝えた。

正方形の中にどんなものが見えるのか問うてみると，四分円や半円，三日月のような形が見えるという返事がくる。前の時間までに，円の面積や半円の面積，四分円の面積については，子どもたちと求めてきた。しかし，上の図のように複雑な面積については初めて見る子どもが多かった。

こんなときに，何もできずに固まってしまう子どもは多い。初めの第一歩として，「何をすればよいのかわからない」という子どもが多いからだ。本校の「美意識」研究では，「とりあえず何か試してみようかな」という心の働きについて研究している。

子どもたちの様子を見るために歩いてみると，ノートとにらめっこしている子どもが多かった。

「こんなとき，このままだと何もアイデアが出てきそうにないね」
と，子どもたちに言ってみた。「このままだと」という言葉をあえて入れている。このように言うと，子どもたちは，このままだと何も変わらない。じゃあ，このままじゃないようにしてみようという心の働きが生まれてくる。

ある子どもは下の図のように直線を引いていた。とりあえず直線を引いてみたという感じに見えた。

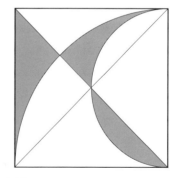

この直線があるだけで，子どもたちの見え方は変わってくる。前に出てこの直線を書いたその子どもに，「どうしてこの直線を引いてみようと思ったの」と尋ねてみると，その子どもは，「野生の勘」と言った。

わたしたちが研究しているのは「美意識」。子どもにとってみれば「野生の勘」。表現はちがうが，同じものだと思った。

解決を進める学び方

「きまりはないかな」

青山尚司

1 まずは違うものを作る

「変わり方調べ」の導入である。24個の結び目がある輪の一部を固定して黒板にぶら下げた。上部の直線部分は赤，

ぶら下がっている部分は黄色である。「気付いたことがある」という子が前に出てきて，黄色の結び目の1つを引っ張り，「こうすると正三角形ができる」と言った。すると，「違うのもできる」という子が1つ隣の頂点を引っ張り，別の三角形を作った。2つの三角形の違いを問うと，「最初の正三角形は黄色い部分が半分ずつだったけど，さっきのは9と7で辺の長さが違う」と，黄色い2辺の長さを比的に捉えた説明が引き出された。（8，8），（9，7）の組み合わせを短冊にして黒板に貼ると，「他にもできる」という反応が聞こえてきた。

2 並べることできまりが見える

試行錯誤の後，できそうな三角形を問うと，「10と6」という発言があり，実際に作って確認した。先程と同様に2辺の組み合わせを短冊にかいて黒板に貼ると，「順番に並べた方がいい」という子が，上の数が8，9，10，下の数が8，7，6となるように並べた。すると，「いちいち作らなくてもわかる」という子が，「次は，上を1増やして11で，下は1減らして5になる」と，変化のきまりに着目した説明をした。さらに，「大発見！」という子が，「2つの辺を足すと全部16になる」

と発言し，そのようになる組み合わせを短冊にかき，きまりに従って並べると，2辺の関係をまとめた表が完成した。

3 そのきまりは本当に成り立つのか

ふいにMさんが，「できないのがある」と発言した。多くの子たちは，2辺の和が16であればすべてできると思い込んでいるため，そんなわけないだろうという雰囲気であったが，Y君が，「わかった！ 例えば1と15だと，15の部分が余っちゃってプランプランになるから三角形ができない」と，実際にひもを使って説明した。そこからいくつかの例を試しながら，黄色い2辺の差が，赤い辺の長さ以上になると三角形ができないことを理解していった。

4 具体と関連付けてきまりを理解する

本実践で，子どもたちは単に数値を表にまとめて関係を見つけるだけでなく，図形の構成要素に着目して，変化のきまりが成り立つ範囲があることを考察することができた。

問題解決を進める際に，きまりを見いだすことは大切である。しかし，機械的に数値をあてはめて表を作り，そこにみえたきまりを盲信するのは，自立して学んでいるとはいえない。きまりを使って考える場面では，具体的な場面と照らし合わせて，そのきまりが成り立つかどうかを吟味し，条件や範囲を考察する態度を育てていくことが大切である。

解決を進める学び方

「もしこうだとすると」 仮定して解決を進めることで見えてくる

盛山隆雄

1 ミスコンセプションの表出

5年生に次のような問題を提示した。

> 4畳と6畳と8畳の部屋があります。6畳の部屋に4人，8畳の部屋に6人入りました。どちらが混んでいると言えますか。

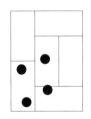 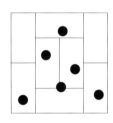

この問題では，ほとんどの子どもが，「同じ」と答えた。それは，次の図のように1畳に一人ずつ配置し，どちらも2畳あまると考えたからである。6−4＝2という式は，6畳から人が配置された畳4畳を引くと，2畳余ることを意味している。

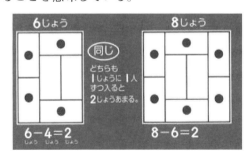

この考えは間違いであるが，このような子どもの思いこみは，ミスコンセプション（誤概念）と言われている。

2 仮定して考えを進めると見えてくる

この段階で，「なんかおかしい」と言ってくる子どもが数名いた。話を聞いてみると，「だって，もしも4畳で同じようにしてみると，おかしいじゃん。」
と言った。この発言に対して
「もしも4畳で同じようにしてみるってどういうこと？」
と問い返した。すると，次のように図に表してくれた。

この図を見て，他の子ども達も
「なんかゆったりしている」
「1人分が2畳もあるからこっちの方がすいているよ」
と話した。

「なんかおかしい」と言った子どもは，仮に6畳と8畳の混み具合を比べる方法を認め，同じ状況を4畳でも再現した。すると，「同じ混み具合」とは言えないことに気づいたのであった。

さらに4畳で再現したおかげで，1人分の面積に着目することができた。改めて6畳と8畳の1人分の面積を計算すると，次のようになった。

・6÷4＝1.5　　　　　1.5畳
・8÷6＝1.333…　　　約1.3畳

したがって，1人分の面積が狭い8畳の方が混んでいるという結論に至った。

解決を進める学び方

「おかしい」「だめだ」の実感で，修正点を明らかにする

大野 桂

■ 子どもの現状から，「修正すること」を授業の中心に据えることにきめる

5年「面積」の学習の導入授業である。平行四辺形ではなく，三角形の求積から導入することとし，次の，漠然とした課題を提示した。

> この三角形なら簡単に面積が求められそうと思う三角形をノートに描いてみましょう。

多くの子どもが直角三角形を描くと想像していたが，ほとんどの子どもが，正三角形を描いた。この現実を受け止め，私は，「修正すること」を授業の中心に据えることにきめた。

■ 「思い」を問い，深層を明らかにする

まずは，「なんで正三角形が簡単だと思ったの？」と理由を問うてみた。返答は，「3つの辺の長さが等しいから」であった。さらに，「どうやって面積を求めようと思っているの？」と問うてみると，返答は「1辺×1辺×1辺で求められそう」であった。さらに突っ込み，「どうしてその式が思いついたの？」と問うと，返答は「正方形の面積が1辺×1辺だったから」であった。

子どもの深層に，「正方形の求積は簡単」という記憶から，短絡的に「正三角形も簡単だろう」を決めつけ，正方形の求積公式と関連付け，「1辺×1辺×1辺で求まる」と決めたということがあると分かった。

■ 不適切さを実感させる

この考えを修正するには，やってみて不適切さを実感することが一番である。そこで，「じゃあ，1辺が2cmの正方形の面積を求めてごらん」と，やらせてみることとした。

すぐに，「おかしい」という声が上がり，続けて「2×2×2＝8〔cm²〕はだめだ。だって，1辺が2cmの正方形は2×2＝4〔cm²〕で，1辺が2cmの正三角形はそれより小さいのに8cm²になるわけがない」と述べた。

■ 修正点を明らかにし，やりなおす

ここで，以下のような修正点が明確になる発言が出た。

> C　面積は，1cm²の正方形の個数を数えることだけど，正三角形は，辺が斜めだから，1cm²の正方形の個数は数えられない。
> C　そもそも，角も直角じゃないから，1cm²の正方形が敷き詰められない。
> C　直角があり，辺が斜めじゃなくて，1cm²の正方形の個数が敷き詰められる三角形だったら面積を簡単に求められるのに……

このことから，子どもたちは，「この三角形なら面積を求められる」といい，右の直角二等辺三角形を提示し，「正方形の半分だから……」と考えを述べていった。

これをきっかけに，「直角三角形」が求積の基本となることを見出され，三角形の求積方法の一般化まで一気に進んでいった。

「修正点を明らかにする」は，算数の学び方の大切な基本であると考える。

「いつでも使えるかな」

森本隆史

1 中ペン×高さ

5年生の子どもたちと図形の面積について学んだときのことである。平行四辺形，三角形，ひし形，台形の面積の求め方を学んだ後，単元の最後で以下のような問題を出した。
「台形の面積を求めます。高さはわかっています。あ○い○う○の中で，必要ない長さはどれですか」

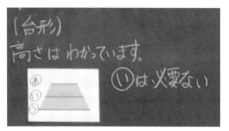

子どもたちは台形の面積の公式について知っている。高さがわかっているとき，上底と下底の長さがわかれば，台形の面積を求めることができるので，あ○とう○が必要で，い○は必要ないと答えた。

このように子どもたちに問うことで，あえてい○に着目させたかった。い○は必要ないと板書すると，子どもたちはい○に興味をもったようで，
「い○はあ○とう○のまん中ですか」
と，質問が出てきた。い○は，あ○とう○と平行でちょうど高さの半分の場所に位置している。ちょうどまん中ということを聞き，子どもたちはこの直線のことを「中ペン」と名付けた。そして，子どもたちは，示された等脚台形は，中ペン×高さで面積を求めることができるこ

とを図で説明した。

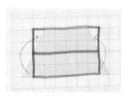

等脚台形は，台形の中でも特殊な形である。1つの台形でいえたことは，他の台形でもいえるかどうかはわからない。

子どもたちに，そのような視点をもってほしいので，ここであえて，
「等脚台形は，中ペン×高さで面積を求めることができたね」
と言った。すると，
「他の台形でもできると思うよ」
と，子どもが言った。

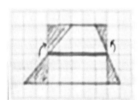

等脚台形ではない台形の図を示した後，子どもたちは先ほどと同じように台形を切り，移動させ，長方形を作って，中ペン×高さで面積が求められることを説明した。
「台形は，どんな台形でも，中ペン×高さで面積を求めることできる」ということを子どもたちと確認した。

その後，他の図形でも「中ペン×高さ」で面積を求めることができるのかということについて考えていった。平行四辺形，三角形は同じように考えることができた。

子どもたちが迷ったのはひし形である。ひし形も向きを変えると同じように考えられることを話し合うことができた。

洗練・精緻化する学び方
「同じとみると」

青山尚司

1 「同じとみる」よさ

クラスの子が,「君たちったら何でもかんでも分類,区別,ジャンル分けしたがる♪」と流行りの歌を口ずさんでいる。

同じものを括ることで,その集合にラベル付けして整理することは,算数の学習でもよくなされる。例えば,平行が何組あるかで四角形を分類し,1組だったら台形,2組だったら平行四辺形というラベル付けをする。割合の学習においても,シュートを8本打って6本入った場合と,12本打って9本入った場合を,同じ上手さと考え,打った本数の$\frac{3}{4}$入るというラベル付けがなされる。

しかし,「仲間分けしなさい」,「比べなさい」と言われて同じものを探すのは,自律的・主体的な学びといえるだろうか。そこで,「同じ」を見いだすことに必要感が生まれる授業展開を考えた。

2 平等にしたいから単位量を同じにする

クラスの男子15人にあたるマグネットと,3つの部屋の図を提示すると,ある子どもが,1部屋に5人ずつ入れた。「なぜこのように分けたのだと思う?」と全体に問うと,「平等にしたいから」という発言があり,みんながこの分け方に賛同した。ここで,実際に現地に行ってみると,3つの部屋の大きさが違っていたことを告げ,新たに部屋の図を貼った。子どもたちは,「不平等!」と口々に唱え,狭いAの部屋から,広いCの部屋へ人を動かすことを考えた。そして,「部屋の広さを知りたい」という発言があり,A6枚,B10枚,C14枚と畳の枚数で広さを示した。子どもたちは,3つの部屋の畳の枚数の和が30枚であることから,「1人あたり2枚」という割合を見いだした。そして,これを使って,Aの部屋は6÷2で3人,Bの部屋は10÷2で5人,Cの部屋は14÷2で7人と,それぞれの部屋に入る人数を調整していった。

次に,女子16人について,「4部屋に4人ずつでぴったり」という意見が出された。ここでも,「1人2枚」というルールに従って,4人の部屋の畳は8枚とした。さらに,「男子は3部屋なのに,女子は4部屋でずるい」という発言から,女子の部屋が3つでも平等に分けることができるのかを考えていった。

3 「同じ」を作ることは汎用性がある

この活動を通して子どもたちは,部屋の大きさも,人数も違っていても,「1人あたり2枚」であれば,平等になると判断し,二量を操作して同じ混み具合を作ることができることを理解していった。そして次時以降,混み具合を比較する場面においても,面積や人数をそろえるために同じ割合となる組み合わせを積極的に作り,多様な比較方法を用いて自立的に問題を解決する姿が多く見られた。

「本当にこれでいいのかな？」

夏坂哲志

　自分の解釈の仕方は正しいのか，導き出した答えがたずねられていることに合っているのか，のように，自分の考えたことや表現の仕方に意識を向けながら，算数の学びを前に進めていけるとよい。

1　定義に合っているか

　実際につくったり使ったりしようとしたときに，「あれ？　これはどうなんだろう？」と，不安を感じることがある。そのようなときに，一度立ち止まって，教師や周りの子と一緒に確認できることが大切だ。

　2年生の三角形，四角形の学習で，それぞれの図形の定義について学習した後，格子点を直線でつないで三角形や四角形をつくる活動を行った。そのとき，次のような質問をする子がいた。

　「4本の直線でかこまれていれば，へこんでいても四角形ですか？」

　4つの点を直線で結ぶと，右図のような凹型四角形もできる。確かに「4本の直線で囲まれた形」なのだが，この形も「四角形」と呼んでいいのかどうか，迷うところである。このような素直な疑問がきっかけとなり，定義をどのように捉えているのか，この図形をどのように見ているのかが議論になる。

2　「答え」として妥当か

　文章題では，たずねられていることにきちんと答える必要がある。

　例えば，1年生の求差の問題。

　「りんごが5個，みかんが3個あります」という文章に続く問い方は，次の例①②のように何通りかある。

①「どちらが何個多いでしょうか」

②「みかんはりんごより何個少ないですか」

　①に対する答えは，「りんごが（みかんより）2個多い」となり，②の場合は「2個（少ない）」となる。このように「答え」が「問われていること」に合っているかどうかをきちんと見直すことができるようにしたい。

　さらに，「混み具合」や「速さ」の問題では，「混んでいるのは数値の大きい方か，小さい方か」といった判断も必要になる。

　数値の大きさが妥当かどうかは，文章題の答えだけではなく，測定値（例えば，角度。分度器の目盛りの読み違いがよく見られる）などについても判断できるようにしたい。

　また，「2mのリボンを4等分した長さは何mか」のような問題では，「$\frac{1}{2}$ m」「$\frac{1}{4}$ m」「どちらでもよい」のように意見が分かれる。このような答えについても，定義に照らすとともに，「矛盾が起こらないか」のような目で見直すことが求められる。

3　「方法」として妥当か

　上記の「混み具合」などの問題では，その「比べる方法」自体が妥当かどうかを吟味する必要が出てくる場合もある。誤概念に惑わされないようにしたい。

妥当性を捉える学び方

「これがダメだとすると」
妥当性を考える子どもに育てる

盛山隆雄

1 問題場面にもどって妥当性を検証する

3年生に次のような問題を提示した。

> 22人の子どもがいます。3人がけの長いすにすわっていきます。全員すわるには、長いすはいくついりますか。

この問題は、「22÷3＝7あまり1」と計算処理される。答えは、7きゃくか8きゃくかという議論を、下図のような図を用いて行うことが大切になる。全員座るためには、7＋1＝8として、いすは8きゃく必要であることがわかる。

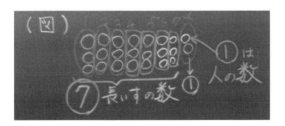

次に適用題として次のような問題を出した。

> はば22cmのダンボールがあります。3cmはばの本をいれていくと、何さつの本が入りますか。

この問題も「22÷3＝7あまり1」である。

だから、あえて次のように子どもたちに言った。

「この問題も7＋1＝8で8冊になりますね。」

すると、子どもたちは次のように反応した。

「いや、駄目だよ。8冊は入らないよ！」

このような反論に対して、問い返しをした。

「8冊は入らないってどういうことかな？隣の友だちにお話してみよう。」

子どもたちは、図を使って説明をした。計算処理は同じでも、元の問題の文脈や条件にもどることによって、答えの妥当性を検討したのである。

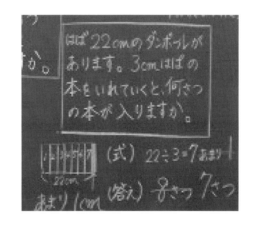

2 妥当性を検証すること

結果や方法の妥当性を検証する視点について、いくつか挙げておく。

・計算の答えが正しいか。（検算、見積もり）
・問題の条件に対応しているか。
・問題の問い（求答事項）に対応しているか。
・数学的に正しい方法や結果か。
・数学的な表現は適切か。
・目的に対応しているか。
・よりよい方法はないか。

妥当性を検証する子どもにするために、振り返る態度を育てることが大切である。

「似た場面で使えないかな」

田中英海

1 適用問題は何のために？

授業の終末に問題を出したり，教科書の問題に取り組ませたりする時，どんな問いかけや指示を出しているだろうか。「筆算練習をやりますよ」「教科書何ページをやりましょう」と教師が言った時，子どもはどんな意識で問題に取り組んでいるのかが，自立的・主体的な学び手への分かれ道になっている。

終末の練習問題は，計算の技能を高める目的もあるだろう。しかし，友だちと議論して見いだした方法に対して，「いつでも同じようにできるのか？」という意識をもって取り組めるようにすることが大切である。「3桁になっても筆算の仕方は同じかな？」「わる数を逆数にしてかける考えは，数が変わっても同じなのか確かめてみましょう」と言うと，考え方や方法が本当によかったか試してみるという姿勢になる。逆数をかける処理に留まらず，わり算のきまりの方法でも答えが同じなのか確認をしている子を見つけて，学び方を価値付けたい。

2 着眼点やよさを活用する

坪田耕三先生の授業のネタの書籍に「7を100回かけた時の答えの1の位は？」という問題があった。子どもたちと簡単な計算だよと①，②・・・・を出し，上の問いかけのタイミングを探っていた。

①$7 \times 7 = 49$
②$7 \times 7 \times 7 = 343$
③$7 \times 7 \times 7 \times 7 = 2401$
④$7 \times 7 \times 7 \times 7 \times 7 = 16807$

⑤$7 \times 7 \times 7 \times 7 \times 7 \times 7 = 117649$
⑥$7 \times 7 \times 7 \times 7 \times 7 \times 7 \times 7 = 823543$

すると，子どもたちは，「面白いことに気付いた！」と答えの数の規則に目を向けていた。「1の位を視ると」というつぶやきを止め，着眼点だけを共有し考える時間をとった。聞いた子どもが，試す時間が大切である。「1の位は9，3，1，7，9，3……？」と多くの子が変化の規則をノートに書きだした。さらに「10の位は4，4，0，0，4，4，0，0……になったよ」，「100の位は同じようにならなかった」と位に着目する見方を活かし，規則があるかないかを探った。

授業の終末，「7を100回かけた時の答えは聞こうと思っていたんだよ」と伝えると，「7を何回かけても1の位だけは分かる！」「いや，10の位と1の位が分かるよ」と発見した規則性から，解決可能な問題を設定していた。さらに，「他の数でもできるのかな？」と数を変えてかけ算を始めた子もいた。

3 子どもが一般化を意識できるように

1つの問題しか取り組んでいないのに，"きまり"や"まとめ"として，一般化を急いでしまうのは教師かもしれない。見つけたことや，1つの問題から言えそうなことに対して，「本当にそうか？」「同じようにできるのか？」「似た場面でも使えるかな？」と試そうとする姿勢をもたせることが統合・発展につながる。一般化を意識できるような適用問題，まとめの投げかけ方を検討したい。

統合・発展を図る学び方

「この場合はどうかな」

森本隆史

1 「は」で広げる

教師が「〜の場合についても考えてみよう」と言うのではなく，できれば，子どもたちが「〜の場合についても考えてみたい」と言うようにしていきたい。

5年生では，三角形の面積の求め方について学んだ後，底辺の長さが等しく，高さも等しいとき，三角形の面積は等しくなるということも学ぶ。

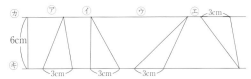

このようなことを学んだ子どもたちに，「五角形 ABCD と面積が同じになる四角形を作りましょう」という問題を出した。

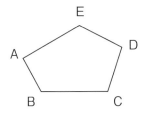

子どもたちは「辺の長さを教えてください」など，いろいろな質問をしてきた。「辺の長さはわかりません。どんな四角形でもいいというわけではなく，この五角形を基本にして，四角形を作りましょう」と伝えた。

子どもたちははじめ，「BE で図形を切って移動したらできるかもしれない」と言って動き出したが，なかなかできずに困っていた。

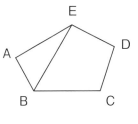

その後，「角を1つなくすことができれば五角形が四角形になる」という考えにたどり着いた。しかし，どうすれば角が1つ減るのかということに子どもたちは悩んでいた。

紙面の関係上，割愛するが，子どもたちは直線 BE と平行な直線 AF を引いて，三角形 ABE と面積が同じ三角形 FBE を作り，五角形 ABCDE と面積が同じ四角形 FCDE を作った。

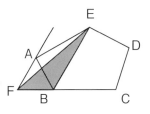

ここまでで，原問題は終わったことになる。この後，できれば子どもたちが問題を広げていけるようにしていきたい。そこで，

「五角形と面積が同じになる四角形は作ることができたね」

と，あえて「は」という限定する言葉を使った。これを聞いた子どもたちは動き出した。

「面積が同じになる三角形も作ることができるんじゃない」

右の図のように，直線 EC に平行な直線 DG を引き，三角形 ECD と同じ面積の三角形 ECG を作り，五角形と同じ面積になる三角形 EFG を作った。

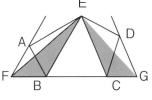

その後。「五角形から四角形にはできたね」と言ってみると，子どもたちは「四角形から五角形はできるのかな」と言い始めた。

統合・発展を図る学び方

「生活の場面だと……」

田中英海

算数の問題の多くは，日常事象の一場面を切り取っている。教科書は，ねらいに向かうために条件が整理されているが，そうした問題に慣れすぎてしまうと，場面を想像することなく数学的に解決してしまう。一方では「数学的活動を通して－」という文言が算数科の目標に加わった。日常事象から算数の問題へ定式化する過程や，解決した問題を日常事象に戻して意味を考える過程に重点を置いた授業づくりも必要である。

中高学年の乗除法で表せる場面は，二量の比例関係が内在している。5年生以降は，比例を仮定しているから数理的な処理ができるよさに触れたい。そのためには，日常事象を振り返ってみる時，比例を仮定することが難しい事象にも意図的に触れたい。連載pp.56-57の事例はその一例である。

5年の平均では，次のような問題を出した。

> お店で新メニューのみかんジュースを出すために，みかんを仕入れました。
> 1箱注文すると，どのくらいの量のジュースをつくれるか調べます。

問題をつかむと「1箱にみかんが何こ入っているの？」「みかんからはどのくらいの量が絞れるの？」という質問が出た。その質問に答えるために，箱に入っているみかんのイラストを提示した。全部絞るともったいないので少ない数で予想する文脈を確認して，子どもたちに絞りたいみかんを選ばせた。

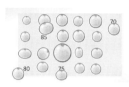

（始めは数字を隠している。選んだみかんを動かすと絞れた量が見える。PowerPointで作成）

「中くらいの大きさを選ぶ方がいい。」「大，中，小を選べば平均的」と選ぶ基準を発表した。日常生活でも「平均」という言葉を聞いたことがある5年生は多い。4つのみかんの平均の量を求め，$(70 + 70 + 75 + 185) \div 4 = 100$の式の意味をもとに，板書のように，均すイメージと全体を1つにして等分するイメージをもたせた。そして，全てのみか

んの量を100 mLと仮定して，$100 \times 21 = 2100$［mL］ 1箱の量を予想した。ここまではよくある平均の授業である。

この授業で大事にしたのは，個々が選んだみかんで考えることである。例えば，Aさん$(80 + 85 + 75 + 70) \div 4 = 77.5$，$77.5 \times 21 = 1627.5$。 Bさん$(185 + 90 + 90 + 85 + 85 + 75) \div 6 = 108.3$，$108.3 \times 21 = 2274.3$。選ぶみかんによって，予想のばらつきがより見えてくる。終末，全てのみかんの量を見せて合計を求めることで，個々の予想との違いが出た。比例を仮定して予想できるよさと共に，基準を何にするかによって，予想が大きく変わるということを振り返ることができた。

学びを整理する学び方

「授業に題名をつける」という「まとめ」の仕方

大野　桂

■ 算数の本質をつく「題名」

　「授業に題名をつける」とは，授業の最後に，授業の「題名」を子どもが考え，クラスの合意のもと決定するという活動である。下の板書は，3年「角」の授業のものであるが，左上に題名が記されているのがわかるだろう。この題名が，授業の最後に決定されのである。

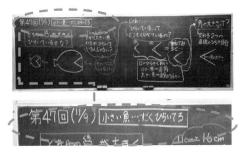

　題名はなんでもよいわけではない。題名を選ぶ観点は，「その時間で一番心に残ったこと」，つまり算数のとして「大切だと感じたこと」「驚いたこと」「感動したこと」とである。子ども達はこの観点に従って題名を考える。

　複数の子供から「題名」が発表され，どの題名が本時の授業に適当であるかを話し合い，合意を図り，決定していくのである。

　「小さい魚……すごくひらいている」は，「角の大きさとは，2本の交わる線分の開いた幅の長さで決定されるのではなく，2つの直線の開き具合で決定される」を意味している。算数の本質をとらえた，題名であるといえる。

■ 知識の定着と知識の整理がなされる「題名」

　知識の定着を図るには，いかに授業での学びをエピソードとして残せるかが重要である。「題名」は，知識の定着の役割も果たしている。なぜなら，題名は「教えられたもの」ではなく，授業で「大切だと感じたこと」「驚いたこと」「感動したこと」といった，自ら感じた，エピソードだからである。しかも，エピソードは，忘れることのない長期記憶となる。

　1年「合併の意味」の授業場面である。

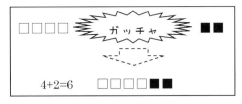

$4+2=6$

　子ども達はブロック同士が合併をする際にぶつかる音を聞いて，「ガッチャンがたし算なんだ！」と目を輝かせながら言った。そして，授業の題名は，子どものたちが「合併」をイメージした音である「ガッチャン」となった。さらに，「増加」の授業場面でも，「合併」の時とブロックの動きが同じことに着目して，「これもガッチャンだ」と見出したり，「求残」の場面では，「ガッチャンの反対だからスッポンだ」と，題名「ガッチャン」の知識と関連付けながら新たな知識を創り上げていった。

　このことから，知識はエピソードとして残ると，それは活用される生きた知識となり，活用されることで知識の関連付けがなされ，整理されることも分かる。それに『題名』が大きな役割を果たしているのである。

　『題名をつける』学び方，お勧めである。

協働的に算数を学ぶ子どもを育てる

相談する姿

教師が意識しておくこと

森本隆史

---

1 子どもたちの反応

　子どもたちは算数の時間，仲間と学ぶ中で，実に様々な反応をしている。例えば，ある子どもが発表した後，次のような反応がある。

A：いつも拍手をする

B：少し首をひねる

　それぞれの教室でそれぞれの文脈がわかっていないと話はできないのかもしれないが，Aの反応とBの反応では，Bの子どもの反応の方が，子ども同士で学び合おうとしているといえる。ある友だちの発言を聞き，自分で考えた上で反応しているからである。

　少し首をひねった子どもについて考えてみても，なぜ首をひねったのかは見ただけではわからない。「○○ちゃんの言っていることはきっとあっていると思うけど，ぼくにはわからないなあ」と思っている場合もあれば，「○○ちゃんの言っていることは本当に正しいのかな」と思っている場合もあるだろう。

　子どもたちが算数を学んでいくときに，た

だなんとなく「わからない」とか，「本当に正しいのかな」などという話をするだけでは，数学的な見方・考え方は育まれてはいかない。仲間の発言を聞き，自分事としてとらえた後，数などに着目して考えていくことが大切となる。子どもたちが考え始めるきっかけは教師が意図的に創り出すことが多いと思うが，子どもたちが仲間の発言を聞いた上で，自ら問題発見をしていくことも大切である。

2 ある授業で……

　5年生「異分母分数の加減」の導入でのことである。具体的な場面については割愛するが，下のような問題を子どもたちに出した。

$\frac{2}{3}$ L のジュースと $\frac{1}{2}$ L のジュースを合わせると何 L になるのか

　上の問題に対して，「$\frac{2}{3} + \frac{1}{2} = \frac{3}{5}$」という式を教師がわざと書いた。このことについては，多くの子どもたちが「計算の仕方がおかしい」と反論した。「どうしておかしいのか」について，子どもたちに尋ねてみたところ，A子は次のように言った。

「たしているのにジュースが減っている」

　この発言を聞いて，何人かの子どもたちは，「おお，確かに」「わかる。わかる」と言っていた。$\frac{2}{3}$ L と $\frac{3}{5}$ L では $\frac{2}{3}$ L の方が量が多いので，発言した子どもの言っている内容はまちがっていない。確かに減っている。しかし，この反応には違和感があるし，数学的な見方・考え方はいっさい働いていない。ここで，B男はこの場面で次のように言った。

　まだ通分の仕方についても習っていないので，B男が言ったように「$\frac{2}{3}$ L と $\frac{3}{5}$ L ではどちらが多いのか」についてはわかっていないのである。

　わたしは，B男の「どうして『減っている』って，言えるの？」という発言を聞いたとき，いい学び方をしていると素直に思った。自分で問題発見をすることができているし，疑問に思ったことを友だちに尋ねることができているからである。

　B男がこの発言に至るまでには細かい様相がある。まず，A子の言っていることを自分事として聞いておく必要がある。しっかりと仲間の発言を聞くということだけでも子どもたちにとっては難しい。

　さらに，$\frac{2}{3}$，$\frac{3}{5}$という分数に着目して，その大きさについて自分なりに考える必要もある。同分母の分数であれば，どちらが大きいのかはすぐに判断できるが，異分母分数の場合はそうはいかない。自分が「あれ？どっちが大きいのかな」とひっかかる間があったはずである。

　その後，みんなの前で「どうして『減っている』って，言えるの？」と尋ねるためにも，高学年の子どもにはわりと大きなハードルがある。

　このような様相を経て，B男はA子が言ったことに対して，自分の考えを述べることができていると考える。

　実際の授業では，B男が言ったことをきっかけにして，

・「$\frac{2}{3}$ L と $\frac{3}{5}$ L ではどちらが多いのか」
・「分母がちがうとき，どのようにたし算をすればよいのか」

という問いが生まれ，子どもたちの文脈ができていった。

　B男の発言は価値ある発言だと考えているのだが，B男のような発言が子どもたちから出てくるために，教師はどのような働きかけをすることができるのだろうか。

③ 教師が意識しておくこと

　先ほどのB男のことについて考えてみる。B男の学び方はよいと思っているのだが，他の子どもたちも同じように，友だちに尋ねられるようにするためには，教師はどのようなことを意識しておかないといけないのか。

○ まずは，子どもたちが友だちの話をしっかりと聴き合えるようにしないといけない

○ 友だちがしている話は，どこ（どの数，どの辺，どの角，どの二量のことかなど）のことについて話しているのかについて，教師は子どもたちをつないでいかないといけない

○ 子どもたちが考えられる時間をとらなくてはいけない

○ 子どもたちが「わからない」と言いやすい環境を整えなければならない

　少なくても，以上のようなことを教師は意識しておかなければ，子どもが「わからない」と表出することはできない。書くのは簡単なのだが，なかなか難しい。

協働的に算数を学ぶ子を育てる

提案する姿

方法や考えを表出し自分の考えの曖昧さや不明確さ間違いを明らかにする

青山尚司

1 自立に向かう協働

　子どもが学習者として自立することは大切であり，将来的には不可欠である。ただ，だからといって，千尋の谷の谷に突き落とすかのように個別でやれというのは何の工夫もない。授業の中で，自立に向かう資質・能力を，仲間との対話を通して育てていくことに大きな価値があり，それこそが我々の使命である。子どもが自分の方法や考えを不完全でもみんなに示し，よりよいものへと更新していこうとする姿勢，仲間が示した方法や考えに，共感的に耳を傾け，自分事として対話に参加する姿勢を引き出し，協働的な学びを充実させていくことが大切なのである。

2 協働的に学ぶ子どもの姿

(1) 問いを引き出す導入時の対話

　第5学年の面積の導入時に行った実践である。右のように2つの階段の形を示し，面積の大小を問うと，

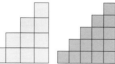

多くの子が5段の方が大きいと判断した。しかし，階段を構成している正方形に着目して，その数は5段の方が多く，1つ分の大きさは4段の方が大きいことを確認すると，面積は同じであると考えを修正する子どもが増えていった。情報を整理しながら話し合うことによって少しずつみえ方

が変容していることが伺える。また，多くの子が面積は同じであると考えている中，正方形の個数で5段が大きいと考えている子や，見た目で4段が大きいと判断している子もいた。導入時の対話を通して，「本当はどちらの面積が大きいのだろう？」という問いを引き出すことにもつながったといえる。

(2) 方法への共感と，覆る感覚での判断

　自力解決後の話し合いで，多くの子は面積が同じと考えているのだが，うまく説明できない様子であった。そこで，「こうやったら絶対にはっきりする方法はないかな？」と問うと，ある子が前に出てきて，「同じのが2つほしい」と言った。2つ必要な理由がわかるかを全体に問うと，半分程が手を挙げた。その子たちを立たせ，わからない子にジェスチャーで伝えることを促すと，動作と同時に「がっちゃん！」という擬音語が引き出された。その動きと音で「あ～！」，「そういうこと」，「わかった」と納得した声が多く聞こえてきた。前にいた子が，実際に4段を「がっちゃん」させると，「長方形だ！」という元

気な反応があった。そして，5段の階段も同じように2枚を組み合わせて長方形にした。見た目がそっくりな2つの長方形を見た子たちは即座に，「同じだ！」，「やっぱり」と反応した。しかし，「え？　違うよ」という声も聞こえた。

授業者も2つの階段を見比べながら，「いや，同じじゃん！」と全体に声をかけると，数人の子どもがむきになって，「違う！」と叫び出した。

　面積が同じかどうかは一旦おいておき，2枚を組み合わせて長方形にするアイデアについてどう思うかを問うと，「いい！」，「わかりやすい」という方法のよさに共感する反応が多く引き出された。

　そして，面積が同じであるという子たちに根拠を問うと，さっきまでは勢いよく「同じだよ！」と主張していた子たちが言葉に詰まってうまく説明できない。ここで，「くっつければ同じだって分かる」という子が前に出てきて2つの長方形を並べて直接比較してみせた。すると，主張とは逆に，4段の方がわずかに大きいことが明らかになった。

(3) 根拠を求める新たな問い

　感覚的なみえ方に頼っていた子たちにとって，面積が同じではないという事実は大きな衝撃であった。そして，「何で同じじゃないの？」と，根拠を求める問いが生まれたことで集団思考は大きく変容した。ここから，どこに着目すべきかを子ども自身が判断し，筋

道立てて説明する姿が増えていった。

　まず，「どうして違うのか教えてあげます」という子が前に出て，「もと　の高さは同じだけど，正方形1個の大きさは4段の方が大きいから，2つくっつけたら4段の方が高くなるので，面積も大きくなる」と説明をした。

　また別の子は，「4段は正方形1個の高さが$\frac{1}{4}$で，5段は$\frac{1}{5}$でしょ？　だから，底辺が同じだから……」と説明をしようとするのだがうまく言葉にできずにいた。「みんなで続きを考えて助けてあげられる？」と問い，1枚目の階段の上までは高さが同じで，2枚目をひっくり返してくっつけると1段分，つまり正方形1個分の高さがそれぞれに加わることを確認した。

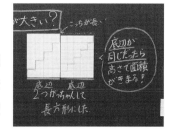

そして，子どもの言葉で，「底辺が同じだったら，高さで面積がきまる」とまとめた。

　この後，それぞれの階段を2枚組み合わせずに，1枚で長方形に等積変形して比較する方法を考えた。その場面で子どもたちは，最初に変形させた方法では比較ができないという壁に当たり，それを協働的に乗り越えていくのであるが，紙面の都合上，その様子はまたの機会にお伝えしたい。

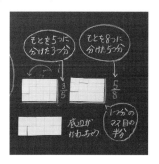

協働的に算数を学ぶ子を育てる

議論する姿

他者の意見を聞き，議論をする
ことで，価値の判断や精緻化を
進め，知識を構築していく

田中英海

1 算数を創る学び

　自立的・主体的な学び手を育てるには，内なる教師や内なる友達をもてるようにすることが大切だと考える。協働的に問題解決していく過程における教師の問いかけから筋道や根拠，発想などの問い方を学ぶ。友達の多様な考えや表現を積み重ねる議論から数学的な見方・考え方に気付いていく。そして，数学的なアイデアのよさや共通する考え方から知識や技能を創っていく。日々の問題解決の授業の中で，ただ問題を解決するのではなく，学び方に焦点を当て価値付けていく授業，子ども自身がよい学び方に気付いていく授業にしたい。特に算数科では，既習事項から新たな算数の知識・技能を創っていく過程の学び方が大切である。

2 知識を構築するための議論

　3年「□を使った式」で，模造紙に複数の葉書を等間隔に並べる時，間隔を何cmにするかを考える授業を行った。

横80 cm の模造紙に10 cm のはがきを5枚並べる問題を下のように確認した。

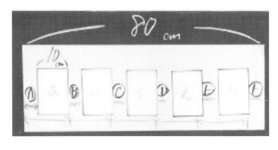

$111 \, C_{T.I.}$ が，間隔を□にして，線分図に表したものを発表した。

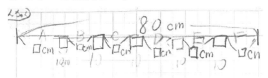

　線分図に関連して，式に表現した□＋10＋□＋10＋□＋10＋□＋10＋□＝80が発表された。初出であった□を複数使う式に対して，同じまとまりをかけ算に変えていた。そして，次の次でよいのか，迷いを話した。

＜　□×6＋10×5　＞　と板書
$183 \, C_{I.Y.}$：「それでちょっとモヤモヤしているというか，分からないんだけど，□×6と10×5は1つ1つ，別のまとまりだよね？だから，（　）を2こ付けてみたんだけど，（　）を2こつけていいのかな？って.
＜　（□×6）＋（10×5）　＞　と板書
$184 \, T$：　そういうルール確認してないもんね.まとまりって意味では分かる？（略）

　下は発言した $C_{I.Y.}$ のノートである。

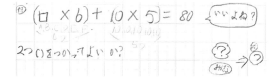

既習のかけ算を使って，数のまとまりを捉えているが（　）を２つ使う表現の仕方は新しい。既習と未習の違いを探りながら，表現できるかを友達と確認したのだ。

さらに，183 C_{I.Y.} の式に対して，

---

203 C_{I.M.}：えっと，183 C_{I.Y.} の式も始めは納得したんだけど．111 C_{T.I.} の図を見てみると，まとめると，場面，場面，本当の場面が変わっちゃうから，□が全部左に寄せられていて，すると，はがき新聞のあ〜おが右に寄せられていくことになるから，意味が変わっちゃっておかしくなっちゃう。

204 T：まとめると図が変わるよって言ってるの？　どういうイメージなの？

---

203 C_{I.M.} は，場面を表した式を，数量のまとまりで式を変えたことで，場面と不一致な式にしてよいのか，その違和感を述べている。式は場面や時間の経過を表す表現として使ってきた既習がある。この違和感から生まれる議論が，式が数量の関係を表しているものとして捉え直す契機となった。

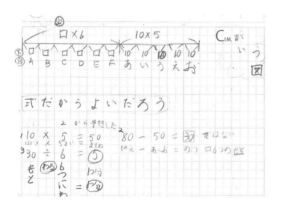

その後，ノートの図のように，図を変化さ

せられるという議論へ移っていった。ノートにある「式だからよいだろう」という記述に注目したい。$(□×6)+(10×5)=80$でもよいという，この子の内言である。場面から切り離された式でも，数量の関係を式で整理できている価値に気付いていったのだといえる。

3 既習と未習の違いを明らかにする

教師は「今まで学習したことで説明しよう」「どうしてそう考えたの？」と既習事項や根拠を意識させる働きかけを行うことがある。子どもによっては，既習と未習の境目が曖昧である。既習と未習の境目で立ち止まり，そこが新たな問題であることを丁寧に共有することが，知識を構築していくために必要なことである。その上で先にあげた働きかけを行いたい。子どもたち自身が，何がこれまでと違うのか，どんな数学的なアイデアが必要かに議論の焦点が当たっていく。

こうした議論の土台には，他者の考えに対して疑問を感じた時に質問できる風土や，よさを感じる意見に対して，共感や賞賛できる風土が必要だろう。そのためにも，紹介したノートのように，友だちの名前，疑問や気付きなど内言を書く習慣をつけられるといい。

自立的・主体的な学び手だと今も思い出す子どもの一人は，友だちの意見を聞いた時「今の考えの前提って何なの？」と質問し，「なるほど！」と嬉しそうに納得していった。算数は問題が解決できて終わりではない。解決の背景にある発想や論理の根拠を探りたいと思える議論にしていくことが，自立的・主体的な問い方，学び方につながっていく。

協働的に算数を学ぶ子を育てる

反省する姿

書いて学びを整理する

中田寿幸

---

1 授業のポイントをひと言でまとめる

前日に253÷12の筆算の仕方の学習をした子どもたちから「数が大きな計算をしたい」というアイデアが出た。そこで，253よりも200大きい数453÷12を考えることにした。

始めてすぐに，「結構面倒だなあ」と言っている子どもがいた。前日は253÷12を240と13に分けてうまくいったので，「今日は453を253と200に分けてみた。だけど，そんなに簡単になっていなくて困っている」と言う。

253÷12が21あまり1になるのは，前日に計算しているのでわかる。ところが残った200÷12がうまくいかないと言う。

困っている子どもに対して，子どもたちは前日に学習したことを元にとても丁寧に説明していった。この丁寧な説明が，実は分かったつもりになっていた他の子どもたちの理解を深めていくことになった。

200÷12は2÷12はできないので，百の位に商は立たない。これを「100円玉2枚を12人には分けられない」とお金で説明した。次に位をずらして「100円玉2枚は10円玉だと20枚」なので，20÷12は「10円玉20枚を12人に分けると一人分は1枚なので，十の位は1になる」「あまりの8は10円玉が8枚なので80円になって，80÷12が6になる」と説明した。黒板には80÷12を仮の商をたてて計算する中で，使った12×□の計算がたくさん残されていた。

このあと453÷12の筆算をしていったが，200÷12の計算を考える中で使った「仮の商」「12のかけ算」「筆算の数をお金で考える」などの方法を使うと，その考え方が同じように出てきて短時間で確かめていけた。

授業の最後に「今日の授業のポイントをひと言でまとめて！」とノートに書かせた。書いているうちにチャイムがなった。

次の時間には全員分のポイントを見渡せるようにプリントにして渡した。

プリントして渡して全員分のポイントを共有することは今回初めて行った。それは，子どもたちのノートに記されたポイントを全員に共有させたいと強く思ったからであった。その理由は，①ポイントを1つに絞ること難しい授業であったこと　②単元の後半だった

ため，それまでの考え方が複数出てきていたこと　③「困った」と表現した子どものおかげで，手間はかかったけれども，理解が深まったこと　を感じていることを表現していると私自身が読み取ったからである。

2022年10月5日（水）1時間目『算数』 授業終わりに書いた【今日の授業のポイント】
1 わり算のとき仮の商を立てることでより簡単に答えが出せる。 2 面倒いところを分けたり工夫したりする。 3 とにかくどの式も仮の商を立ててみる。 4 コツコツやっていくといつかは役立つことになる。 5 わり算をするときは，少しずつ試してみる。 6 普通の筆算と光殿の筆算の考え方は一見違うように見えるけど，全く同じ。 7 100円玉，10円玉，1円玉を使うと筆算がわかりやすくなる。 8 12の計算を応用してすべて計算する。 9 面倒臭いところを分ける。 10 少しずつ繰り返す。 11 筆算をやるとき100円玉，10円玉，1円玉に変えてやると説明しやすくなった。 12 無駄だと思ってやってみると後で役立つ。 13 計算の中にいろいろなものがあった。10円玉の世界などで分けて考えていった。	14 計算はお金を使うと分かりやすい。 15 いらない計算だと思っても残しておく。 16 位ごとに考えればわかる。 17 まず仮の商を立ててみる。 18 仮の商を立てるときにちゃんと近い商を立てないと，やりづらくなるから，うまく立てる。 19 何でも分けるとわかりやすくなる。 20 とにかく仮の商を立てる。 21 筆算をするときの仮の商や10円玉を使ったりすると分かりやすい。 22 いろいろな計算を消さずに残す。 23 僕は分けないでやるけど，分けるということも良い方法だということを知った。 24 仮の商を必ず立てる。 25 筆算のところをかくすのがいい。分かりやすくなる。 26 今日はいろいろ分けてやったので，最初にやった答えを忘れないようにする。 27 筆算では仮の商を考えて計算する。 28　10円玉と1円玉の関係。仮の商を立てる。 29 どんなわり算でも仮の商を使えば簡単♪

2 書いて学びを振り返り，整理する

学びを振り返るためには書く活動が必要になる。書きながら，考える時間をとりながら自らの学びを整理していく。

学びの変容を捉えようとしたら，以前の考えを残しておいて，それが変わってきたことを自分で確かめ，認めていくことが必要になってくる。そのためには，ノートに「その瞬間の思い」をメモさせておくとよい。

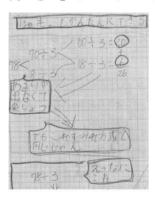

左のノートを見ると，初めは「もっと簡単にできる」と「楽勝」と思っていたことが，「えっ，何これ？」と疑問が出てきていることがわかる。この子どもは，ここで出てきた疑問を解決しながら，さらに新しい疑問を表現していった。このように子どもの「瞬間の思い」は「問

い」を生み，問題解決を進めていく原動力になっていく。そして，「瞬間の思い」を振り返っていくと，思考の過程がわかり，自らの変容をとらえることができ，自らの成長を実感することができるようになっていく。

ある程度まとまった時間がとれるなら，板書を残したまま作文のように書いていくとよい。「自分の考えがどう変わったか，書いておくといい」と書く視点を示すと自分の変容を見つめ直すことができる。私は算数の次の時間の国語の最初の15分ほどを作文の時間として使うことがよくある。

振り返りの時間を家庭学習にすると取り組みに差ができてしまう。そこで，授業の終わりの5分を振り返りの時間にしてすることもある。しかし，「あと5分あるなら，もう1問，適応問題を解きたい」という時もある。毎時間，決まって振り返りの時間をとるのではなく，これを振り返らせたいと強く思っているときに書かせるといい。

まとめは教師が書いて，子どもがそれを写し，その後振り返りは子どもに任せて感想を書かせている授業を先日参観した。授業のまとめは子どもに任せたいと思った。子どものまとめが授業者の思いとずれていたら，それは授業がよくなかったということ。授業の修正を教師がまとめることでしてはいけない。授業のまとめを子どもに任せても授業者のねらっているところを子どもがまとめていくような授業がまずは必要であり，ずれができてしまったときには，授業自体を修正していくことを考えていく必要があると思っている。

| 教材研究 | 算数科の教科特性「系統性」を意識する |

田中　英海

ツーランク
アップの
ポイント

①内容の系統から見方・考え方の系統を意識する
②先行研究や先行実践を見返すことが教材研究のスタート

1　教科特性を意識した教材研究

　算数科の教科特性は系統性の強さである。算数授業で大事にしたいのは，目の前の問題を解決することだけではない。系統性の強さを生かすことで，既習事項を使って新しい知識や技能などを創り出す経験を積み重ねることができる。教科書は，数と計算，図形，測定，変化と関係，データの活用と，バランスよく配列されているが，領域ごとにまとめると学習内容の系統は見えやすくなる。子どもが算数の知識や技能を創り出せるようになるための教材研究の仕方を考えたい。

2　内容から見方・考え方の系統へ

　学習指導案の作成時に，学年間のつながり，関連事項を載せる。しかし，この関連事項，系統が軽視されていると感じることが多い。

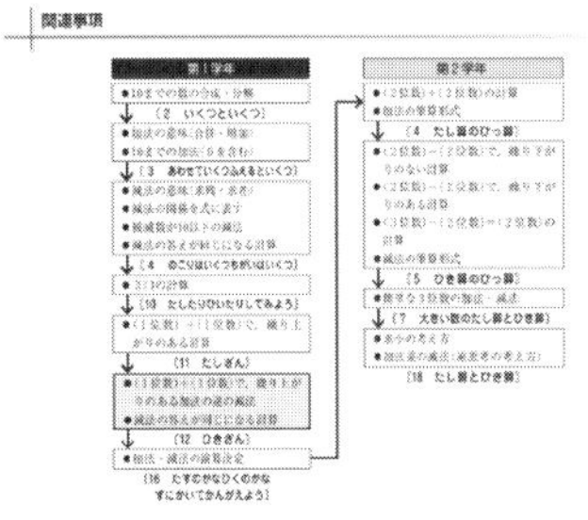

し，算数科の教材研究で大事にしたいのは，正にこの系統，関連事項である。

　まずは指導書などを見ずに，関連事項を自分で書き出してみることをお勧めしたい。既習事項と本単元や本時の学習がどう発展していくか。今の自分の見えている学習内容，見えていない内容が見えてくる。

　ツーランクアップのために，さらに関連事項に，その単元で働かせたい数学的な見方・考え方を書き加えてみたい。教科書の関連事項の多くは，内容の系統が記載されている。見方・考え方がどうつながるのかを明らかにすることは，子どもが既習事項を基に，算数の新たな知識・技能を創り出す際の必要な拠り所であり，子ども自身に見いださせたい重点といえる。

図1　教師用指導書の関連事項（学校図書）

　そういう私も若い頃は，教科書会社の指導書の該当部分をコピーして貼っていた。しか

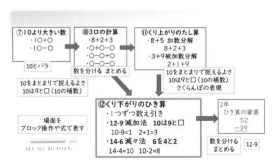

図2　見方・考え方（網掛け）を加える

こうした教材研究の積み重ねが，目の前の

問題解決の授業から，単元，学年を越え，領域を見据えた算数を創る授業につながる。

3 教材研究と授業記録を蓄積する

十数年前は，学年ごとや領域ごと，または研究会ごとにファイルを作って，資料等を保存していた。また，観察や参観した授業は，手持ちサイズのノートに，何冊も書きためていた。しかし，量も増えると，資料を探すのに時間がかかってしまった。今は Microsoft の One Note を活用した方法に落ち着いている。次のようなメリットがある。

- ・保存場所を取らない（メモリは喰うが）
- ・いつでも見られる（電源が入れば）
- ・並び替え，入れ替えなど整理しやすい
- ・文字入力，手書き，画像挿入など
- ・検索機能があり，すぐに探せる
- ・教材研究と授業記録のリンクできる

私の場合は，学年ごとのセクションをつくり，単元などのまとまりでページを作っている。紙のサイズに制限はないため，自分の好きなように書いていくことができる。

教科書などの資料を撮影したり，Web の資料などはキャプチャーしたりして蓄積をしていく。関連する部分はリンクをつけている。また，事前に用紙のサイズを設定しておくこともできる。Ａ３サイズに設定したページに授業記録をとり，１枚の授業記録として教育実習生などに印刷して渡していた。板書の写真を入れて，協議会や自分の考えやアイデア，子どもの姿を残しておくと，追実践や研究課題を見いだすのに役立つ。検索機能を使うことで，必要な授業記録，教材研究の足跡をすぐに探し出すことができる。

教材研究は，先行研究や先行実践を基に，問題意識や研究課題を見いだすことが第１歩目である。記録した授業や子どもの姿から，内容と見方・考え方の系統を見直していくことで，よりよい授業実践につながる教材研究にしていけると考える。

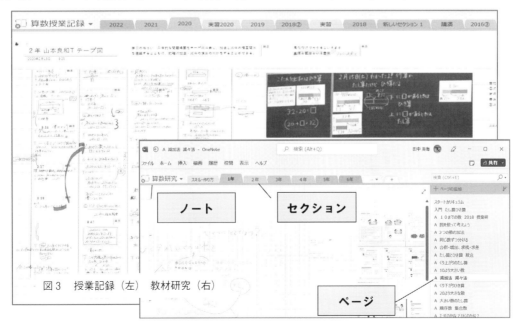

図3　授業記録（左）　教材研究（右）

算数部授業
研究会報告

定期購読者向け公開講座の記録　　　　　　　　　　実施日：2022/9/10

第70回『算数授業研究』公開講座オンライン

森本隆史

◆定期購読，ありがとうございます

　2022年9月10日（土）に，「第70回『算数授業研究』公開講座」をオンラインで行いました。

　今回の企画は算数部全員で話し合い，日頃から『算数授業研究』を定期購読してくださっている方々に，感謝の気持ちを表すことができないかということで企画をしました。

> 定期購読者限定！　無料！　の企画、いかがでしたでしょうか？

　今後も，算数部で企画をしていきたいと考えております。定期購読をしてくださっている方々，ご参加ありがとうございました。

◆定期購読をお考えの方々へ

　「算数授業研究」は2か月に一度のペースで発刊しております。1冊ずつご購入の場合は，1冊980円（税込）です。年間6冊ですので，5880円（税込）となります。

　定期購読をしてくださった場合は，10％引きとなるので，5292円（税込）となります。

　毎回ご購入されているようでしたら，次のQRコードから定期購読のお申し込みをされると10％分お得になります。

◆第70回公開講座の概要

　今回のオンライン講座は，今までとは異なる場所での発信となりました。東洋館出版社がお引越しをしたからです。我々算数部も初めてこの場所に伺い，これまでとは違う空間を楽しみました。

第1部　14：05～15：35
ビデオ公開授業＆協議会
5年「速さ」　　授業者：青山尚司
協議者：夏坂，盛山，大野（司会）

　研究主題を「子ども自身が二量を見いだし，速さの意味を実感できるようにするには」とし，速さの導入の授業を公開しました。

　算数部のオンライン講座では，司会者や協議者がビデオを止めて，議論することが多々あるのですが，今回は授業ビデオを止める回数がいつもよりも少なかったのも，おもしろ

かったです。

【授業者の青山尚司より】

　落語の「つる」という演目をヒントに速さの導入を考えました。子どもたちは，移動する距離と時間を「つ〜」，「る〜」と声を発しながら捉え，距離が同じ場合は時間で，時間が同じ場合は距離で比べることに納得していきました。そして，二量とも異なる場合を示すと，「速さは同じに見える」という子がいました。ここで，時間と距離を数値化する必要感を引き出し，それぞれを実測しました。

　検討場面では，１秒あたりに進む距離が同じであれば速さが同じであるという発言があり，その後，時間をそろえる方法や，距離をそろえる方法が出されました。また，時間も距離も同じ1.5倍なので同じ速さであることを説明する子もいました。しかし，それらの方法同士のつながりを引き出すことがなかなかできませんでした。

　実践を終えて，速さが同じかを問うのではなく，速さが同じだったら，何秒後にどこにいるのかを考える展開にした方が，子どもの思考に合っていたのではないかと感じました。

　協議では，速さの意味理解には，等速で示すよりも，速さの変化を提示した方が良いという代案が出され，それらを図やグラフに表すことで子どもの理解が深まるというご意見をいただきました。また，「協働的な学び」という視点で，児童の反応をどのように取り上げ，共有し，深めていくのかが大切であることを改めて学ばせていただきました。

第２部　15：45〜16：25
授業づくりミニ講座＆質問タイム
担当者：中田，森本，田中

　『算数授業研究』は，特集が１つのときと２つのときがあります。142号は，第１特集を「協働的な学びを支える聞く力」，第２特集を「算数に向かう『美意識』を育てる」としました。

　第１特集については中田，第２特集については田中，森本は個人の連載ページについてのミニ講座＆質問タイムを行いました。

【中田寿幸のテーマ】

　「教師が子どもの声を聞くときに心がけたいこと」

【田中英海のテーマ】

　「算数に向かう『美意識』を育てる
　　〜図形をみる学びの系統〜　　　」

【森本隆史のテーマ】

　「算数授業を左右する教師の判断力」

　最後に，プレゼントコーナーを設定しました。算数部７人が合計８冊の本をプレゼントするコーナーでした。「次の公開講座はいつでしょう？」などの問題を出題し，速く正解された方にプレゼントをしました。

「つながり」を大切に，
それが算数授業力を高める

中頭支部

比嘉和則（沖縄市立室川小学校）

❶ 活動の概要

本会の名称は「中頭算数授業研究会」という。沖縄本島の真ん中に位置する9市町村で構成されている「中頭（なかがみ）地区」の歴史ある研究会である。これまでの活動は，年間の研究テーマを決め，それに沿った理論研究や実践の報告，公開授業研を中心に活動してきた。

しかし，沖縄県内の新型コロナウィルスの感染拡大の影響により，対面での研究会が行えない状況が続いていた。それでも学びを継続させるため，オンラインでの研究会を併用することにした。地区全体に右のようなチラシを配布し，研究会の参加者を募った。オンラインは「どこからでも参加できる」という

メリットがあり，今年度は離島である石垣市や宮古島市の先生も参加している。

今年度は，これまでに学習会を5回実施することができた。「算数が好きな子を増やしたい」と願い，算数科における「理論と実践」を通して学びを深めている沖縄支部の活動の様子を紹介したい。

❷ 第1回研究会（2022年4月22日）

新年度を迎えたこの時期，指導と評価の一体化についての理解を深めることが授業改善の第一歩だと考えた。そこで，4月は県教育委員会の主事を講師として「算数科の評価」についての学習会を行った。

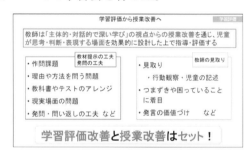

その学習会で得た学びから，①評価を見据えた指導計画を立てる，②身につけさせたい力を常に意識した授業改善に取り組んだ。その実践に対する振り返りを，5月以降の研究会で共有することができた。

「児童に寄り添う授業づくり」新川　元樹

学習会での学びを生かし，「数学的な見方をどのように働かせるのか」「この単元で身につけさせたい資質・能力は何か」「それらをどのように評価していくのか」などを意識して授業づくりに取り組んだ。

本時では，前の単元とのつながりを言葉にしたり，友達の考えをもとにして問題に取り

組もうとしたりする児童の姿を見取ることができた。今までの私だと見逃していたかもしれない。学びを生かそうとしたからこそ，目の前の児童に寄り添うことができたと思う。

❸ 第4回研究会（2022年7月22日）

奇数月は，本誌のテーマに沿った学習会にすることとしている。学習会の流れとしては，事前に本誌の一部を読んでおく。さらに，そのテーマに関する授業の悩みを整理しておく。そうすることで，焦点化して議論を行うことをねらいとしている。

7月は141号のテーマである「算数授業力を高める」について議論を交わした。一部抜粋したページは，インタビュー資料「算数授業力を高めるポイント」である。その中で，山本良和先生の「小学校段階で，子どもがどのように事象を見ようとするのか，数学として価値があることを子どもがどう実感するのかを柱にして教材を開発する」という文言から，数学的な見方・考え方を捉え直す議論が生まれた。議論の後は展開場面の悩みの共有をブレイクアウトルームで行った。少人数で行うことで，気軽に相談できる良さがある。その後，話し合った内容を共有し，今後の授業実践につなげていくこととした。

中算研「展開場面の悩み」⇨・解決案

○ 理解していない子どもの把握
⇨・机間指導の3つのポイント
　①発問が伝わっているか
　②どの子どもの考えを取り上げるか
　③つまづいている子どもの支援

○ 1時間で理解していない子どもをどのように救うのか？
⇨・教師ではなく，子ども同士で助け合う

○ 授業展開のパターンが決まってマンネリ化する
⇨・考えを広げる役目＆間違える役目を人形にさせる

「教師の醍醐味とは」新川　颯人

私は，教師という職の醍醐味は「つながり」だと強く実感している。その中でも算数を通した「教師同士のつながり」こそが，本研究会の良さではないだろうか。

まず，「仲間とのつながり」である。日々の授業の悩みを打ち明けたり，共に授業づくりに励んだりと，学びを広げることができている。次に，「先輩とのつながり」である。授業力を高めるために必要な理論や教材研究の方法，授業リフレクションについて，先輩方の講話を通して学びを深めることができている。また，支部創設のメリットである「筑波大学附属小算数部の先生方とのつながり」にも期待している。沖縄という遠隔地の学習会に，リアルタイムで参加して頂けることにとても感謝している。今後は全国各支部とつながることもできるのでは…。そう思うだけで，「ちむどんどん」してくるのだ。

❹ 今後の活動

今後は，オンライン研究会の継続に加え，「算数部の先生方との学習会」と「公開授業研」を予定している。オンライン開催なので，全国各支部とも交流を深めたい。

【研究会参加希望QRコード】

問題集を活用した授業

―問題を解くヒントを考えることで力をつける―

盛山隆雄

1 個に応じることのできる問題集アイテム

アイテムは，「練習しよう」に始まり，「たしかなものにしよう」，「見方・考え方を広げよう」，「チャレンジしよう」と段階的にレベルを上げていけるように問題が作られている。

基礎から活用までの問題を解決していきながら，数学的な見方・考え方を育てることをねらっている。

有効に使えば，個に応じた指導ができる問題集である。特にこの問題集は，子ども達が自分で進めることもできるが，時には問題集の問題を授業で扱い，楽しい授業を展開することもできる。

2 ヒントづくりで，高め合う雰囲気と算数の力の向上

今回提案するのは，問題集の問題のヒントを考える取り組みである。子どもがヒントを考え，それをクラスのみんなで共有し，活用する。困ったら友だちのヒントを見て学習するのは，教室に高め合う雰囲気が作られるし，問題集に取り組む意欲が高まる。

何よりヒントを考えることで，算数の力をつけることができる。ヒントを出すには，問題の意味や構造を理解することが必要になり，

もしかしたら問題を解く以上に考えることになる。自分の作ったヒントを友だちが使って「ありがとう，よくわかったよ」となれば，嬉しい気持ちになるだろう。このような協働的な学びをつくることができると考えている。

3 ヒントづくりの具体

(1) 大きな数の「たしかめよう」の問題

次のような問題がある。

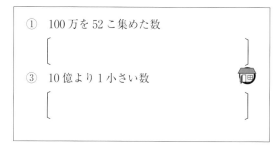

この問題のヒントを次のように書いた子どもがいた。

①の問題のヒント

小さい個数から順番に考えてみよう。

・100万が5こは500万，100万が10こは1000万，100万が20こは2000万だね。

・100万が50こは？　そして，100万が52個は？

・答えは，数字で書くように気をつけてね。

③の問題のヒント

もとの数が小さい場合から考えてみよう。

・10より1小さい数は9，100より1小さい数は99，1000より1小さい数は999，10000より1小さい数は9999，…。このように9が続く数ということがわかるね。

このような言葉によるヒントがあるが，下のように図を用いたヒントも好評である。数直線を用いた問題のヒントである。

2の問題のヒント

いちばん小さい1めもりの大きさはいくつかな。

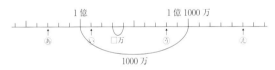

（2）2けたでわるわり算（1）の「見方・考え方を広げよう」の問題

次のような問題こそヒントがほしくなる。

一見して難しいと思われる問題に対してどのようなヒントを考えることができるだろうか。

4　98÷□4の計算について，次の問いに答えなさい。
①　答えが2あまり30になります。
　　□にあてはまる数字は何ですか。

4の①の問題のヒント

・「わる数＞あまり」だから，わる数は30よりも大きいですね。ということは，□は，3以上になります。

・34，44，54…と考えていきますが，商は2だから，わる数が54はありえませんね。

・98÷□4＝2あまり30

この式を次のように考えることができます。「98から□4ずつひくと，2回ひけて30あまる。」

・図を見ると，しくみがわかるよ。

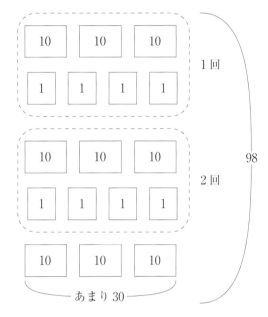

4　ヒントの募集

アイテムの問題を行う際，早く終わった子どもには，用紙を用意してヒントづくりの課題を与える。授業時間以外の休み時間や家でも考えることをよしとし，ヒントを入れる箱を用意しておく。集まったヒントは，適宜まとめて印刷し，全体に配付する。

算数が苦手な子どもには，「たしかめよう」の問題に対するヒントづくりを進めるなど，いろいろな工夫によって，みんなで楽しくアイテムを活用したい。

おもしろ問題

すぐに答えが出ない問題～容積を大きくするには？～

慶應義塾横浜初等部　前田健太

以下のような問題を提示しました。

> 1辺が24cmの正方形の厚紙があります。これを使って，ふたなしの箱を作ります。容積が一番大きくなるようにするためには，どのようにしたら良いでしょうか。

「どのようにしたら良い」とあえて曖昧に聞いています。そうすることで，「どのように作るのか」から考えることができます。

子どもたちからは，右図のように，四つ角から正方形を切りとれば良いのではないかという話が出てきて，今回はこの条件で考えてみることにしました。

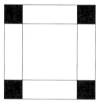

（※条件次第で更に容積を大きくできます。）

そうなると，次は自然に切り取る正方形の一辺の長さを何cmにすれば良いのかという話題に移っていきました。これはすぐには答えを求めることはできません。

以下の3通りの予想が出ました。

・1cm（切り取らない部分を多く残す）
・8cm（1辺を3等分して切り取る）
・6cm（1辺を4等分して切り取る）

そして，さっそく調べます。

1cmのとき

$(24 - 1 \times 2) \times (24 - 1 \times 2) \times 1 = 484$

2cmのとき

$(24 - 2 \times 2) \times (24 - 2 \times 2) \times 2 = 800$

3cmのとき

$(24 - 3 \times 2) \times (24 - 3 \times 2) \times 3 = 972$

4cmのとき

$(24 - 4 \times 2) \times (24 - 4 \times 2) \times 4 = 1024$

5cmのとき

$(24 - 5 \times 2) \times (24 - 5 \times 2) \times 5 = 980$

6cmのとき

$(24 - 6 \times 2) \times (24 - 6 \times 2) \times 6 = 864$

［以下略］

と，容積は切り取る正方形の1辺が1cmから徐々に大きくなっていき，4cmのときを最大として，あとは小さくなっていきます。

ただ，子どもたちはこれで終わりません。上の結果は，整数値でしか考えていませんが，3.5cmや4.5cmなど整数と整数の間に最大がある可能性もあります。実は正確には微分などが必要で，算数の範囲では難しい部分です。

しかし，驚くことに下のノートのように0.1刻み，さらに0.01刻み，さらに0.001刻みのように範囲を細かく絞りながら地道に計算を求めていく姿もありました。

すぐに答えが出ない問題を出すことで，スタートラインを揃えて，皆で問題に向き合うことができるのです。

SPOT-03
世界文化遺産　三内丸山遺跡（青森県）
35 cmの縄文尺，数を意識したであろう出土品

青森県八戸市立種差小学校　阿保祐一

2021年7月，青森県青森市の三内丸山遺跡など17遺跡で構成される「北海道・北東北の縄文遺跡群」が世界文化遺産に登録された。三内丸山遺跡は社会科教科書でも扱われているのでご存じの先生も多いだろう。一番のすごさは，「狩猟採集の縄文人」というイメージを覆したことである。出土した栗はDNA鑑定で栽培されていた栗と判明し，北陸産ヒスイの発見から他地域との貿易も分かった。700を超える住居跡や10を超える大型竪穴住居跡も特徴的である。本稿では，三内丸山遺跡のシンボル的な存在の大型掘立柱建物を算数に関わらせて紹介する。社会科見学で訪問した際，現地ガイドの説明を聞き，私も6年生も縄文人と数の世界に興味をもつことができた。右の写真はそのときに撮影した大型掘立柱建物（復元）である。柱間隔がそろい，長い軸が同じ方向を向いていることから，「尺度」と「方向基準」をもっていたことが分かる。ガイドさんによると，6本の柱の間隔は全て4.2mで，肘から指先までの長さの35cmを基準にしたのではないかとのことだった。三内丸山遺跡では他にも点や文様に3や6などの数を意識した出土品を見ることができる。年間30万人以上が訪れる三内丸山遺跡で名物の栗スイーツに舌鼓を打ちながら縄文人と数について想いを巡らせてみませんか。

SPOT-04
神楽の世界に触れてみませんか

宮崎県宮崎市立江平小学校　桑原麻里

宮崎には様々な神楽があり，国の重要無形民俗文化財に指定されているものもある。そして，これから冬にかけて神楽のシーズンでもある。私が勤務した地域にも神楽はあり，その中でも銀鏡（しろみ）神楽は全国からファンが見に来るほど人気がある。また高千穂の神楽も有名で，今週はこの集落，来週はあの集落という感じで地域でも舞われているが，高千穂神社では観光客向けに毎晩神楽を見ることができる。

その高千穂の神楽では，神楽が舞われる場所に彫りもの（えりもの）が飾られる。彫りものは，切り絵のようなもので，火，水，木，金，土や十二支や四季の風景，鳥居等を和紙にデザインしている。馬や鹿など，動物が彫られているものもあるが，線対称の美しさを感じられる彫りものも多い。神社の鳥居や飾り物が彫られているものは線対称になっているし，火や土といった文字が彫られているものは線対称であったりそうでなかったりする。いつから彫りものが飾られているのかは分からないが，形のもつ美しさや不思議に目を奪われる。

高千穂では，彫りもの体験ができる場所もあり，高千穂峡等の観光地やパワースポットもたくさんある。ぜひ高千穂に遊びに来てみませんか。

第33回 全国算数授業研究会 ハイブリッド 実施報告

🔊 授業報告

5年 面積
「比べる学び」の系統性を軸として，面積の指導を見つめ直す

青山尚司

1 本授業の主張

「面積」と「割合」には，「測定」領域で学んだ共通の既習事項がある。1つは「一方をそろえてもう一方で比べる」見方で，もう1つは「定めた基準に対してどれくらいの大きさで比べる」見方である。だからこそ，面積と割合の学習を関連付けながら指導を重ねていくことが，双方の意味理解を深めることにつながると考える。第5学年「面積」の第1時である本時は，一方をそろえることで，もう一方で比較を可能にするという，意図的な変形のよさを実感し，面積を柔軟に捉える目を育てたいと考えて実践を行った。

2 授業の概要

2つの階段の形を提示 し，どちらの面積が大きいかを問うと，多くの子どもが5段の方が大きいという意思を示した。しかし，階段を構成している正方形の数は5段の方が多いが，その正方形の大きさは4段の方が大きいことと，底辺と高さにあたる部分の長さが同じであることを確認すると，2つの形の面積は同じであると考える子が多くなり，意見の対立が引き起こされた。そして，どちらの面積が大きいのか確かめることを課題とし，それぞれが考えをまとめる時間をとった。しばらくして問うと，やはり面積は同じと考えている子が多かったが，導入時とは異なり，4段の方が大きいと考える子どもが増えていた。子

どもたちは，階段の形を2枚組み合わせたり，切って変形させたりしながら，どちらの面積が大きいのかを確かめていった。

（授業のエピソードは，本誌特集 pp.30-31参照）

3 協議会

司会者：永田美奈子 先生（雙葉小）

協議者：中村　佑 先生（仙台市立八幡小）

　　　　小泉　友 先生（立川市立幸小）

「個に応じた指導」という観点で，教師の出方と，子どもの誤答をつなげる可能性についてご意見をいただいた。また，教材の面白さを生かすために，扱う時期を吟味する必要があることや，面積の学習として位置付けることへの賛否も議論となった。

会場の先生方からは，方法を授業のまとめとすることで主張がより伝わりやすくなるのではというご意見をいただいた。

4 事後アンケートより

「子どもたちがやりたい，考えたいと主体的に学習に向かう姿がとてもステキでした。ゴールをしめし，何に向かっているかを分かりやすくしておくことも個を大切にする一つなのだと思いました。」

「全国算数授業研究会の授業では，授業者の教材開発がすごいといつも感じています。教科書に載っている教材も，もちろん大切ですが，先生方の算数・数学の知識や深い教材研究に裏打ちされた新しい教材を用いた授業を見て，いつもワクワクしています。」

個を大切にする「分数（２年)」指導を考える

関西大学初等部 **尾﨑正彦**

1 個を大切にする分数指導とは？

今回の学習指導要領から，$\frac{1}{3}$ が指導内容として加わった。これまでにも取り上げられていた $\frac{1}{2}$，$\frac{1}{4}$，$\frac{1}{8}$ は，折り紙を操作することで作り出すことができた。一方，$\frac{1}{3}$ はそれで作り出すことは容易ではない。そこで，学習指導要領などでは，右図のような○の数を判断基準とさせることで $\frac{1}{3}$ を見出させようとしている。ところが，実際に授業を行うと，一定数の子どもがこの図を $\frac{1}{4}$ と捉える現実がある。○の数を分割数と勘違いしてしまうことや，それまでの折り紙を分割する展開とは全く異なる場面設定が原因ではなかろうか。これでは個を大切にした展開とは言えないのではなかろうか。

12個の $\frac{1}{3}$ は４個

2 時計型ケーキで個を大切にする

そこで本時は，時計型ケーキを教材として取り上げた。時計の学習は既習である。また，時計模型を使ってじゃんけんで勝ったら30分・20分・15分進むというゲームも進めてきた。これらの経験知をもとに，子どもたちは時計を面として捉える意識をもっている。

そんな子どもたちに右図を提示し「赤いところはケーキ全体のどれだけですか」と投げかけた。「４つに分けた１つ分」であることはすぐに分かった。さらに，

４つの部屋の大きさが等しいことを「15分が４つある」「15分，15分，15分，15分で１時間」と時計を面として捉えることや，ケーキの文字盤に視点を当てることで説明をした。

これらの見方を共有した後，「他にも４つに分けた１つ分ができる」「今は十字架だけど，バツにしてもできる」などの多様な $\frac{1}{4}$ の作り方に対する声が生まれてきた。多くの子どもが多様な $\frac{1}{4}$ の分数を作ることに意識を向けていた。一方，「（４つに分けた１つ分ができるなら）３つに分けた１つ分もできる」「２つに分けた１つ分もできる」という，子ども自身が分数の世界を拡張していく声も生まれてきた。同じ教材から $\frac{1}{3}$ や $\frac{1}{2}$ の世界を子ども自身が作り出す展開こそ，個を大切にする授業だと考えていたので，その点では時計型ケーキ教材のよさが浮き彫りになったといえる。折る活動がなくても，$\frac{1}{2}$ や $\frac{1}{3}$ の世界を子ども自身が作り出すことができたのである。

当初案では，この後は $\frac{1}{3}$ を中心に展開する予定であった。しかし，$\frac{1}{4}$ の多様性を作り出すことに子どもの意識が傾いていると判断した。そこで，$\frac{1}{4}$ の多様性を取り上げる展開を進めた。子どもの思いに寄り添い展開を修正する

ことも，個を大切にする授業で大切な視点である。

第33回 全国算数授業研究会 ハイブリッド 実施報告

📢 Q&A 講座報告

ICT とタブレット～課題は何か

熊本市立田迎小学校 藤本邦昭

～ICT 活用は「どうやって」よりも「何のために」が大切～　これが本講座の結論です。

ですから常に教師の「教育観」「指導観」が問われます。教え込みがよいと思う先生は,「タブレットをどう使ったら『よい説明』ができるだろうか」が課題になり,子どもの自発性や学びを重視する先生は,「どう使ったら『問い』が引き出せ,『共有化』がうまくいくだろうか」が課題になります。もちろん本講座は後者の立場で進めました。

実は,この講座は前日に急遽決まった「ピンチヒッター」企画でした。そこでICTを活用した授業に長けている大阪の樋口万太郎先生を助っ人にお願いし,ぶっつけ本番で行ったのです。オンライン参加の先生方は,ICTへの関心も高く,多くの先生に視聴していただきました。(コワモテの2人で,パンチのきいた画面になりましたが……)

佐賀県の浦郷淳先生が手伝ってくださり,チャットでの質問をたくさん受け付けました。また,私から樋口先生にも尋ねることがありました。

「問いをもたせる教材例」
「タブレットを使う場面,使わない場面」
「系統的なスキル育成法」
「共有化する手立て」
「タブレットを使っているときの先生の動き」

どれも全国の教室で先生たちが困っていることで,価値のある質問でした。

途中,田中博史先生が乱入……もとい,飛び入り参加されて,ICT活用をはじめとした小中接続における「段差の解消」についても話が進みました。課題意識の大切さを実感した40分でした。

📢 ワークショップ報告

「個」を大切にする1人1台端末の算数授業

香里ヌヴェール学院小学校 樋口万太郎

タブレット端末を「適切」に使うと,算数授業において,
① 個を大切にするには,その子のことを知る
② 個に寄り添う
③ 集団の個であり,個の集団である
ということがこれまで以上にできるようになるということを提案した。

上記にて,「適切」と書いたのは,適切に使用しなければ,個を大切にしない授業になってしまう恐れがあるからである。

端末の機能によって,子どもたちの考えがみえるようになる。その機能を,誰をどの順番で指名していこうかを考えるために使っては,教師の都合の指名になり,個を大切にしていない授業になってしまう恐れがある。

端末を使うことで,

・子どもたちの表現する量,受信する量が格段に増える
・みんなの表現,考えを知ることができる
・自分の手元に考えるための欲しい情報がある

などの良さが表れる。この良さを実感できるような授業を行なっていきたい。こういった良さが冒頭の3つにもつながることである。

そういった授業を行うためには,タブレット端末の使い方について話ではなく,これまでのように算数授業についての話をしていくことが大切である。見方・考え方を働かせて,深い学びを実現するためには,デジタルであろうがアナログであろうがどちらでも良い。ただ,端末が常にあるということはスタンダードである。

本大会を振り返って考えたこと

夏坂哲志

1 木を見て　森を見ず

筑波大学附属小学校に赴任して間もない頃，算数部内だけで，私の授業研究会を開いていただいた。授業後の協議会で，一人の先生が，「今日の授業は，『木を見て森を見ず』だ」と指摘した。別の先生が，「木も見えていなかったのではないか」と続けた。30年以上前のことであるが，今でもこの言葉の意味を考えることがある。

「木を見る」を授業に置き換えた場合，どういうことを指すだろうか。それは，「子ども一人ひとりに目を向ける」とか「耳を傾ける」という一言では言い表すことはできない。

子どもの何を見るのか。どのようにして見るのか。見たことをどう解釈し，次にどのような一手を打つのか。「木を見る」には，そういったことまで含まれる。

そして，それは今年のテーマに大いに関係がある。

2 テーマ「今こそ問う『個を大切にする指導』とは」

これが，今年の全国大会のテーマ。

「個を大切にしなければならない」ということについては，誰もが認めるだろう。では，「個を大切にする」とはどういうことだろうか。その具体例を挙げてみると，それは人によって異なるのではないだろうか。その具体を語ってみると，人による捉えの違いが見えてくる。そこから議論が始まることを期待したい。

本大会の最後にお話しさせていただいたと

き，個を大切にする手立てとして考えられることを，次のようにいくつか列挙してみた。

○個を大切にするとは……？

- 一人ひとりにわかりやすく教えること？
- 公式やきまりを教えて，繰り返し練習させること？
- ヒントカードを準備してあげること？
- 一人ひとりのできないことに合わせて，教えてあげること？
- 一人ひとりの困っていることを聞いて，答えてあげること？
- 一人ひとりの困っていることを聞いて，一緒に考えること？
- じっくりと考えたり試行錯誤をしたりする時間を確保すること？
- その子なりの納得の仕方に付き合うこと？

上記の「？」に対する答えは，場面や対象となる児童の実態等によって，「正しい」にも「正しくない」にもなり得る。また，上に挙げた例は，算数が苦手な子や困っている子を想定したものになるが，算数が得意な子やわかったつもりになっている子を大切にする視点ももつ必要がある。さらに，授業者のキャラクターや表情，話し方によっても左右される。

だから，実際の授業をみて，「この場面では」と，具体的な代案を出しながら考えることが必要なのである。状況にもよるが，来年度は，対面で行っていたコロナ禍前の研究大会の形に近づけたいものである。

子どもに預けることに責任をもつ

岩手県一関市立山目小学校　**横沢　大**

1 子どもが学びを自分事として進めるために

「これから，どんな学習をすると思いますか」「次は何をしたい？」最近，上のような発問を意識して口に出すようにしている。子どもの主体的な学びを後押しする言葉だと思うからだ。子どもが，学びを自分事として捉え進めていく授業をしたいと思っている。

2 3桁のひき算を行う予定が，4桁のたし算に

　3年生の3桁の足し算やひき算の筆算は，2年生の2桁の筆算の学習をもとに進めていく。既習とつなげながら計算の仕方を導いていくということが見えやすい単元である。前時に3桁のたし算を行ったので，指導計画では本時は3桁のひき算の予定である。

　「今日はどんな学習をすると思いますか？」と聞いてみた。子どもたちの手が勢いよく挙がる。「4桁のたし算をやってみたいです」「数が大きくなっても計算できるか試してみたいです」他の子にも聞いてみたところ，4桁の足し算をやってみたい子が大半であった。

　どうしようか。指導計画と違う。4桁の筆算は引き算が終わった後であるが，順序を入れ替えても大丈夫と判断して4桁のたし算を行うことにした。数カードを並べて（4桁）＋（4桁）の筆算の問題づくりをしよう。作った問題を解き，習熟の時間にすればいい，とその時は考えていた。

3 子どもの言葉が授業を進める

　「0～9の数カードを1枚ずつ使って，（4桁）＋（4桁）の筆算をつくりましょう」と投げかけた。子どもたちはカードを並べ替えながら，それぞれ問題を作り，解いていく。ここまでは，想定内。真剣に自分や友達の作った問題を解いている。よしよし，いいぞ。

　「なんか，ぼくの作った問題，全部繰り上がりがあるなあ」「そうそう，私も」と子どもたちの

つぶやきが聞こえてくる。あれ，そうなのか？と思い，「他のみんなの問題も，繰り上がりがありますか？」と聞いてみた。すると，「ぼくの作った問題は繰り上がりがないよ」という子が1人だけいた。「えーっ！　すごい！」と教室が一気に沸き立った。子どもたちの問いは，「繰り上がりのない（4桁）＋（4桁）の問題を見つけよう」となった。

　出来上がった筆算を見て，「どの問題にも0がある」と話す子がいた。「0のないバージョンはできるのかな」「やってみなきゃ，わからないよ」ここで，板書を振り返り「次は，何をしたいですか？」と投げかけた。

　「0を使わずに，繰り上がりのない筆算を作りたい」子どもたちは夢中でカードを並べ替え，筆算を作り始めた。できた筆算を黒板に書いていくと，「答えがすごい数だよ！」「どれも9999になる！」と大盛り上がり。

　「みんなの問題は，どうして答えが9999になるんだろうね」と聞いてみた。一人の子が言った，「それぞれの位の数が，1と8，2と7，3と6，4と5と，9になる数のペアになっている」との説明に，納得する子どもの姿が見られた。授業の終わりに，「先生，0と9も使えば，（5桁）＋（5桁）の筆算でも99999ができるよ」と話す子もいた。1年生の学習内容である9の合成・分解は5種類できる。その組み合わせを生かした授業ができた。子どもの言葉に耳を傾けることで，子どもが生き生きと問題解決に関わろうとする姿がたくさん見られた。子どもに預けることに責任をもつことの大切さと楽しさを学んだ瞬間であった。

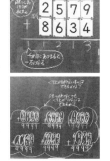

※本稿は，全国算数授業研究会 月報第284号（令和4年8月発行）に掲載された事例です。

Monthly report

5年　小数のわり算「細いリボンはどっちかな？」

東京都立川市立幸小学校　**小泉　友**

1 「1mあたりの長さは？」ではなくて「どっちが細いでしょうか？」

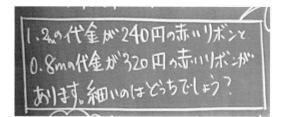

小数のわり算の習熟場面である。左のように問題場面を提示した。「比較する文脈」を問題文の中に入れることで，子供たちが機械的にわり算をするのではなく，「そろえる」ためにわり算を用いているということに気付かせたいと考えた。また，問題場面をきちんと理解すれば，計算をせずとも，解決に向かうことができる。解決への道は多様にあることを感じさせたいという思いもあった。

問題を提示すると，子供たちは「細いのはどっち？　ってどういうこと？」と場面を理解することに思考を向けた。少し待つと，「先生，それは同じ材質ですか？」とリボンの質に関する質問が出てきた。「どうしてそんなことを聞くの？」と聞くと，「いや，材質がちがったら比べられないけど，同じ材質だったら，値段と長さで比べることができそう」と話した。比較するためには，条件がそろっていなければならない。そうした「質」など，条件について考えることは問題解決に向けて大切な態度である。

2 「おかしい……」から問題場面を深く理解

解決に向けて動き出した子たちの中で「おかしい……」とつぶやく子がいた。「おかしいってどういうこと？」とその子の「『おかしい』と感じている感覚」についてみんなで考えていった。「長くて高い，短くて安いならわかるけど，長いのに安い，短いのに高い」ということにこの「お

かしい」の気持ちがあることが共有できた。つまり，計算などせずとも，「どちらが細い？」という問いに対しては解決することができるのである。右図のように最初は図に表した後，この線に太さを加えて，そのおかしさと，どちらが太いかという自分の考えについて表現をしていた。

3 「ところで，Kくんはこんな計算をしていたんだけど……」

どちらが細いかについて，一つの結論は出た。そこから，わり算で解決したKくんの式を提示した。

「なぜわり算をしたのかが分からない」という子が多くいた。「1mあたりを求めるためにはわり算」ということは理解しているとはいえ，「何のために1mあたりを求めるのか？」とうことは単元が進むにつれて子供の意識から薄くなってしまっている。「割った意味を考える」「代金÷長さで何を求めてる？」つまり，答えを求めるのではなく，「わり算を何のためにしたのか？」ということが子供たちの問いとなった。

※本稿は，全国算数授業研究会 月報第284号（令和4年8月発行）に掲載された事例です。

Monthly report

花火

元國學院大學栃木短期大学* 　正木孝昌

子どもの声と授業

子どもの言葉をきっかけにして授業を動かしたいと殊更に主張するとなるとそんなにワクワクはしない。なぜなら，授業が動き出す最初の段階では，子どもはあまり奔放に声を出さないし，内容も貧弱だからである。

子どもの声を頼りにしながら，授業を展開しようとするなら，まず授業者がその子どもの声に驚かなければならない。子どもの疑問とか，驚いたことなどが，その言葉から噴き出ていて，それに触発されて授業者が動き出したとき，授業は展開する。そういう子どもたちの言葉に出会うこと，それをみつけることがまず難しいことであり一苦労である。そこを超えるとこれは楽しい。

子どもの素直な感じ方や子どもらしいとらえ方に授業者が突き動かされなければ授業にはならない。子どもの言葉と授業者の心が繋がったとき授業はワクワクするような状態を迎えることになる。子どもの声から学習材を生むと一口に言うけれども，授業者とするとかなり覚悟のいることである。

数年前に「学び合う」という言葉が流行った。どこの研究会でもこの言葉が使われた。

しかし，学び合う授業には出会わなかった。「合う」という語はお互いに向かい合う言葉にくっ付けて使う。「助け合う」「殴り合う」などである。助けるも殴るも矢印が外向いている動詞である。この動詞には，素直に「合

う」をつなげ，使うことができる。ところが「学ぶ」や「食べる」は矢印が内向いている。「食べる」は食うか食われるかということになると矢印は外向くが，普通はお料理を頂くであり内向きの矢印である。

その内向き動詞に「合う」を付けると分からなくなる。学ぶに「合う」をつなぐのなら「学ぶ」の状態を通常とは異なり，他に働きかけながら学ぶという新しい動詞に変身させなければならない。覚悟が必要だ。食べ合うといってみると，その異様なことがはっきりする。これほど可笑しいのに，学び合うと言って平気なのは何故だろう。それは多くの人が教え合うという語を思い浮かべるからに違いない。教え合うならいい。しかし，私たちは，「学び合う」と言いたいのだ。

身の回りにある球

３年生の子どもと円と球の学習をした。球では半径とか直径とかの用語を教えた。球はボール遊びなどで馴染みのある図形であり特に新鮮なこともなく通過しようとした。単元が終わりかけたところで，軽い気持ちで「身の回りに球のものって何がある？」と尋ねてみた。ボール類。ビー玉。練馬のガスタンクなど思いつくままに取り上げ終わらせようと考えていた。それが意外な展開を見せた。面白かった。

ピンポン，サッカーボール，シャボン玉…といくつか登場し，ちょっと途切れた後，一

＊元筑波大学附属小学校，元全国算数授業研究会会長

人の女の子が「たんぽぽ」とつぶやいた。小さな声だったが，みんなさっとその子の方を見た。そして，ほんのちょっと静かな時間が過ぎた。次の瞬間，子たちは「あっ，ほんとだ。たんぽぽも球だね」と大きな声を出した。「綿毛だね」「風が吹いたら，ふわっと飛ぶよ」いろんな呟きが聞こえた。みんなにも女の子と同じ球の景色が見えたのだ。

　球体へのこのとらえ方は子どもたちにはまだない。中心から全方向に広がる綿毛の集団で作られる球面。球の半径に当たる茎と先端に種子の部分，綿毛の落下傘に細長い種子がぶら下がっている。聞いてみると綿毛のことはよく観察しているようだ。絵など描いて説明してくれる。

　たんぽぽの綿毛の仕組みを文章で明らかに示すことは簡単ではない。ひとつひとつの小さな種子から等長の茎が伸び，その先端に落下傘の綿毛が付いている。球面を作っているのはこの綿毛の集合であって決して点が集まって球面ができているのではない。そういう球面の成り立ちはまだ細かく見ていない。3年生である。しかし，綿毛が柔らかく密集してできている球面は子どもたちのイメージにあることは確かだ。

　一方，打ち上げ花火は子どもたちに思い出させたかった。花火は一点で炸裂した火薬が等距離飛んで同時に破裂する。その破裂点は中心から等距離の点の集合，つまり球面を作る。書けばややこしいが，綿毛と花火は同じ仕組みに見える。子どもたちにもそれは分かってもらえるだろうか。

　この景色を子どもたちに見せたいと思った。そのきっかけを「たんぽぽの綿毛」と言った子どもが作ってくれたことを悦んだ。今なら綿毛の球が子どもたちのスクリーンに映っている。この像を大切にしたいとワクワクしてきた。一点から等距離にある平面上の点は円を作る。それを立体的に考えると球を作る。そういう円と球の関係，つながりをはっきり子どもたちの声とイメージでとらえさせたいと考えた。

　「先生は，この前，赤や青のたんぽぽを見たよ。綺麗だったなあ」

　みんな不思議そうな顔だ。たんぽぽの綿毛は真っ白である。赤や青の綿毛などあるはずがない。みんな怪訝な顔をしている。私はみんなの表情にお構いなしに話を続けた。

　「私は，先週，九州の宮崎に出張しました。帰りの飛行機は夕方遅い便で，外はすっかり暗くなっていました」

　普段は自分のことを「先生はね」などと言うのだが，ここでなぜか「私は」に変えた。子どもは何となく恐ろしいような気持ちがして緊張している。

　「あちこちの街の明かりがくっきりと見えました。宝石箱を引っくり返したよりもっときれいでした」

　「えっ，先生，宝石箱を引っくり返したことがあるの」

　子どもの何人かがびっくりしたような声を上げた。

　「ありません。ただ，そう思っただけです」

　私は表情を変えないで厳かに言って，話を続けた。

　「神戸辺りだったでしょうか。ちょっと暗くなった海岸線のところに突然小さな赤いたんぽぽの綿毛がポッと開きました。続いて

青や金色の綿毛が次々と煌めきました。私は思わず『あっ』と声を上げました。隣の席のおじさんがちらりと私の方を見ました。私は，飛行機の小さな窓におでこが痛いほど押しつけて目を凝らしました。かねてから，この景色を一度みてみたいと思い続けていたからです。」

「先生。それって，花火・・・」

子どものひとりが言った。まわりの子どもたちもうなづいている。

「そうだ。花火だよ。花火が上がる高さは普通は200mから300mほどらしい。一方，飛行機は1万m上空を飛んでいるから，花火は小さな小さな花ぐらいにしか見えない。もっと大きく見えるのかなあと想像していたんだけど，ほんとに小さく可愛い花火だったよ。それはたんぽぽの綿毛そっくりだったなあ」

先生の話し方が，いつもの口調に戻った。

ここで私が子どもたちに伝えたいこと，気づかせたいことが二つあった。ひとつは，球はどの方向から見ても円に見えること。もうひとつは，花火とたんぽぽは大きさも見える景色も全くことなるが，仕組みは同じとみることができるということ。この二つだった。

「先生，花火って，お皿みたいな丸じゃないの。花火は丸だよ」

と子どものひとりが言った。「そうだよ。花火は円」と断言する子どもたちもいる。普段なら，円と思うか，球と思うか個別に意見を問うところだ。だが，今日はしなかった。全員個々の気持ちが手に取るように分かったからである。球か円か迷っている子どもが沢山だ。

花火大会などで見る花火は円だ。頭の真上でぱっと開く花火，大輪の花火が重なって開く花火。その形は真ん丸。つまり円だ。どう見ても球とは思えない。ところが今登場している綿毛花火は球だ。

どうなっているんだろう。

「近くで見るときは円だけど，遠くで見ると球になる。」

「それって変だよ。たくさんの人がいっしょに見ているんだから」

「花火そのものは球だよ。写真で見たことがある」

「遠くで見ても円，近くから見ても円。横の方から見ても円。だれが，どこから見ても円。やっぱり球かなあ。」

分からなくなっている。視覚的には円だが，頭の中では球でしかない。確かめることができない。それで困っている状態である。

「そうなんだよ。先生も子どもの頃，花火は円の形に開いているとばかり思い込んでいたよ。でも，いつ頃か，それはおかしいなあと思うようになったよ。だって，どこから見ても円に見えるんだろう。北から見ても東から見ても円に見える」

そして，私は一枚の紙のお皿を取り出した。

「もし，花火が円だったら，お皿の鏡に顔が映る位置，真正面から見ないと円には見えないはずだよね。でも花火大会のどの場所から見ても円に見える。これは不思議だね。もし，円の花火なら横から見たらただの線になる。」

私はお皿を縦にして，お皿の丸い面がみんなに見えないようにした。子どもは真横から，皿をみることになる。

「これでは，お皿の縁が線になって見えるだ

けです。こんな花火は見たことがありません」

「観覧車みたいだ」

「ぼくの家から，西武園の観覧車は柱みたいに見えてるよ」

「土星の環の写真みたい」

　この話題はかなりの子どもを喜ばせた。でも，限りがある。

　みんなにだんだん花火の不思議さが見えてきたようだ。円盤では円には見えなくなることがはっきりしてきた。

「それで，先生は中学生のとき，友だちと近くの山に登って花火を見たんだ。するとやっぱりその形は円だった。でも，不思議なことにこのときは球に見えた。中心の所で花火が炸裂する。そこから四方八方へ3Dで火の小さな点が広がる。それは遠くから見ると立体感のある球に見えたよ。あのときの感動は忘れられないなあ」

　みんな頭の中のスクリーンに花火を映したようだ。まん中で花火の玉が破裂する。そこから，小さな光の玉が飛び出していく。縦も横も斜めもあらゆる方向に飛び出していく。ある同じ距離だけ飛んだところでそのひとつひとつの小さな火の玉がパッと輝く。同時に，である。

「球だね」「大きなたんぽぽの綿毛だ」

「今度，花火をよく見てみよう」

　子どもはみんなそんなことを心でつぶやいていた。自分の見え方を，声に出して表した。そして，みんなの子どもが話を聞いていた。そういう実感があった。ただ，今までの算数の時間の終わりとは違っていた。何か考え方とか解決の筋道を自分たちのものにしたわけ

ではない。何かができるようになったわけでもない。ただ，それぞれが自分の景色を持ったことは確かだった

　誰か数人がすっきりと理解していて，それを周りの友達に説明し伝えて終わったという時間ではなかった。みんなが分からなかった時間だった。そして，みんなが同じ問いを持ったひと時だった。学び合うという状態に近いのかなあとふと思った。

　みんなが話し合っているうちに，だんだん景色が見えてきた。円が見えてきた。みんなの前に直径1mほどの尺玉が花開く様子が確かに見えた。それは見事な球だった。ひとつの言葉ではっきりとは表すことはできないがみんながそれぞれ景色を自分の言葉で表現していた。

　あくる日。子どもたちが数人集まっていた。最初は数人だったがだんだん人数が増えていく。何を相談しているのだろう。子どものひとりが言った。

「先生，虹はどんな形をしているの。観覧車みたいにいろんな形の虹はないよ。いつでも円だよ」

　素晴らしい疑問だと思った。誰かさんの家から見た観覧車のように楕円の虹はない。条件によって大きな虹もあるし噴水で見るような小さな虹もある。でも，これを子どもが納得するように説明するのは難しい。虹は現象で，そこに虹という物体があるわけではない。

　虹がなぜ見えるか。観察者は大きな円錐の頂点に立っていて，その側面の一部に現れた色を視覚でとらえているだけだなんて言っても，3年生の子どもには通じないだろう。困ったな。

比例を仮定していることの意識

5年 「速さ」徒競走の速さくらべ

田中英海

1 単位量あたりの大きさの1つの速さ

5年「単位量あたりの大きさ」では，主に「混み具合」と「速さ」を題材に学習する。現行の教科書はいずれも「混み具合」を先行している。図に表す時，面積や人数を視覚的に捉えやすいからだ。人をマグネットで表し，動かすなどすることで，混み具合を均質化して考察することで，その状態を数値化して表すことができる。速さは，速い，遅いと日常語としても用いられ，子どもにもなじみ深い。一方で，道のりと時間の二量を数値化すること，表された数値のイメージが混み具合よりつかみにくい面がある。

どちらも一方の量をそろえているときは，もう一方の量で比較することができる。そろっていない時は，一方の量をそろえたり，単位量あたりの大きさを求めたりして比較する。その背景には，二量の比例関係を仮定し，均質化して考えているのである。商の意味を解釈することがここでの新しい学習であるが，二量の比例関係を意識しないまま，計算していては単なる形式的な処理で終わってしまう。

一般には長い距離を走る新幹線など定速のイメージで，比例関係を仮定しやすい題材を扱う。今回は，速さの学習の導入で「徒競走」を扱い，比例を仮定していることを顕在化することをねらった実践をおこなった。

2 「徒競走」の動画での実践

授業の導入で，陸上大会の100m走の動画を見せた。60mを過ぎたあたりで動画止めると，「速い」「何年生なの？」「自分たち（5年生）とどっちが速いだろう」という問いをもった。そこで，学級で1番速かったKくんのタイム8.2秒と動画の3年生を比べることにした。

「3年生は50＋50＝100［m］だから，Kくんの50mのタイム8.2秒を2倍すれば，100mのタイムが求められる」「8.2×2＝16.4［秒］」という意見が出た。多くの子が納得する中，「100m走ると疲れてしまうから，2倍より遅くなる」という意見が出た。それに対して納得する子も多い。子どもたちは直線で100m走ることはあまりないのかもしれない。自分の経験をもとに，時間は距離に比例しているとは言い切れないという考えである。

比べるためには，3年生のタイムが必要である。動画を見ながら，競技場の60mの白線を基準にストップウォッチで測定した。

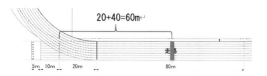

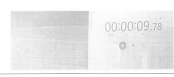

| 5年50m：8.2秒 | 3年60m：9.78秒 |

　距離が違っても比べられるのか？という課題を確認して，解決する時間を少しとった。「8.2÷5＝1.64」に対して，どこから5が出てきたの？と問い返すと「50÷5で10mになるでしょ。50mの$\frac{1}{5}$の長さにしたいから。だから秒数も5で割ると10mのタイムが出る」と説明された。3年生も同様に考えると「9.78÷6＝1.63」「10mの時点では3年生が0.01秒早い」と発表がされた。商の意味を全体に共有するために，数直線を書いた子を指名した。

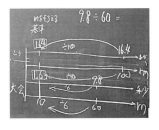

　「上のKくんは，100mの時点で16.4じゃん。こうやって10mを求めると÷10。疲れなかったら比例しているからここも÷10して1.64　これは10mのタイム。」と話をした。背景に秒数が長さに比例していると考えたことをうまく説明している。数直線上で，どちらも10mにそろえてタイムを比べていることが全体に共有された。

　最後に，先ほど60mで止めた動画を100mのゴールまで見せた。「15.02」と表示されているのが見えた。すると，「え？　速い！」「予想外！」という声があがった。計算したタイムと大きくずれているのである。「さっき10mのタイム出して1.63秒だったのに，100mのタイムを出すとき10倍して，16.3秒だと思っていた。」「最初疲れると言っていたけれど，タイムを10倍して比べると，実際早くなっている」「水泳の時もそうだよ。最初はゆっくりで，だんだん早くなる」といった。疲れるからと一定のスピードで走っていないことを踏まえながらも，形式的に比例関係を使っていた。この授業を通して，速さという日常事象を捉え，第2時以降，平均の速さであることや比例を仮定するから数理的な処理ができるよさに気付いていった。

3　比例していないと捉えられる価値

　同じの「徒競走」の教材を平均・混み具合を学習していない子たちと授業をした。動画を見た時，加速しているという反応があり，「比例していない」と発言し，比べることができないと考えた子がいた。徒競走の事象をよく捉えている発言であったが，うまく活かすことができなかった。

　その授業を見ていたOBの山本良和先生から，「そうか比べられないね」という教師の問い返しで，「比例を仮定すれば比べられるかもしれない」という子どもの反応が期待できたのではと助言をいただいたことを紹介しておく。形式的に計算しようとする姿と，日常事象を数学化して問題とする姿では価値が違う。後者が数学的活動のA1のプロセスであり，算数を創るために育てていきたい態度である。

【参考動画】RCM T. (2016-07-20). 小5男子_100m 決勝_第34回北海道小学生陸上20160718.YouTube. Retrieved from https://youtu.be/h 2 n 4 HXr 4 ffk

TANAKA Hidemi

AOYAMA Shoji

MORIMOTO Takashi

OHNO Kei

NAKATA Toshiyuki

SEIYAMA Takao

NATSUSAKA Satoshi

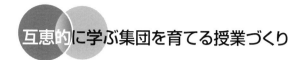

互恵的に学ぶ集団を育てる授業づくり

本気の話し合いが子どもの思考を更新する

青山尚司

1 対立や葛藤が引き起こされた第1時

第4学年「簡単な割合」の実践である。3つのゴム，A，B，Cが伸びる様子を動画で繰り返し観察し，一番よく伸びる

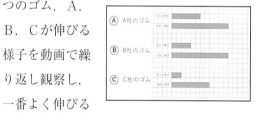

ゴムはどれかを問いかけた。子どもたちは，伸びた後の長さが同じAとBに着目し，もとの長さが短いBの方がよく伸びると判断した。

次に子どもたちはBとCを比べた。実際に伸びた長さは，Bが12−4で8マス，Cが8−2で6マスであり，Bの方が伸びた長さは長い。しかし，何倍伸びたかで比べると，Bは12÷4で3倍，Cは8÷2で4倍となり，Cの方が伸びていることになる。このように，差での比較と倍での比較で，結果が逆になる数値を意図的に設定したことによって，対立が引き起こされた。伸びた長さを直接比較しようとした子が端を揃えた図を描くと，「それだともとの長さが短い方が不利になる」という反論があり，もとの長さを揃えて比べた図を示した子に対しては，「長さを変えたらずるい」と納得しない

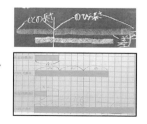

子がいる。BとCの比較では，解決方法だけでなく「よく伸びる」という意味の解釈も多様であることが表出し，子どもたちに活発な議論が続いた。

また，授業後の学習感想からは，多くの子どもの葛藤が感じられた。例えばWさんは，直接比較をして差が大きい方がよく伸びると考えていた。しかし，AとCの差が同じであることに気付き，どちらで比べたらよいのか疑問を抱き始めていたのである。

2 意識の変容がみられた第2時

第2時はWさんの疑問を解消するところからスタートした。3つのゴムが実際にどれだけ伸びたのかを整理し，伸びた長さ自体で比べると，最も長いのは8マス分のBで，AとCは6マス分で同じになる。その上で，AとCで良く伸びるのはどちらかを問うと，子どもたちは，「それはもとの長さが短いCの方がよく伸びる」と反応した。

ここでM君が，Bのゴムが良く伸びることを主張するために前に出てきて説明を始めた。

しかし，その比べ方は3つのゴムのもとの長さを2マス分にそろえる方法であった。Aが

4マスに，Bが6マスに，Cが8マスの伸びるというその説明を聞いた友達が，「だったらCじゃん」と反応すると，M君は「え？」と驚いた。悩んでいるM君に対して，「Bを短くするから納得できないんだったら，Cを長い方にそろえればいいじゃん」という発言があり，3つとももとの長さを一番長いAの6マス分にそろえてみることにした。心が揺れ動くM君は，この友達のアイデアに対して，「結局，答え同じじゃん」，「どうせ変わんないじゃん」，と不満げに話し始めた。B

のゴムが良く伸びると思っていたM君にとっては，もとの長さをどう揃えても，よく伸びるゴムが，Bではなくになってしまうことが不満であった。ところが，自分で発した「同じじゃん」が，逆に自分を納得させることになった。変わらない関係だからもとの長さに関係なく比べることができることに気付き，「だからCか，Cなんだ〜！」と話しながら急に考えを変えたのである。そしてそこから，先程までの自分と同じように，倍での比較に難色を示している子たちに対して，「そうやるとごちゃごちゃになっちゃうからもとの長さを揃えたんじゃん」と説得し始め，「いつもBは3倍に伸びて，Cは4倍に伸びるんだよ」と言えるように大きく変容したのである。

M君の他にも自分の考えが変容した子がいた。Rさんは，差で比べてBの方がよく伸びると考えていたのだが，友達のお話を聞いて，Cの方がよく伸びるという考えに変わったことを記述している。ただ，Rさん

は倍で比べる方法に納得したのではなく，もとの長さを揃えることによって，Bは12−4で8マス分，Cは16−4で12マス分伸びていると，差での比較が可能になることについて「なるほど！」と納得したのである。

③ 本気の話し合いが思考を更新する

互恵的に学ぶためには，互いの考えを認め合うことが大切である。しかし，あれもいいね，これもいいねと肯定の反応ばかりで，波風が立たない授業が良いとは限らない。敢えて意見を対立させ，本気で話し合う姿を引き出すことが，結果として互恵的な学びにつながることもある。

算数の学習で多く扱われる比べる場面は，結果よりも意味理解や方法に焦点があたるため，子どもが意見を対立させ，本気で話し合う姿が引き出されやすい。それが割合をはじめとする比較を要する学習が難しいといわれる理由のひとつである。しかし，その議論を終着させることが困難だからといって，対立しないように展開することが良いことだとは思わない。本気で話し合うからこそ，WさんやM君，Rさんのように，子どもたちは葛藤を乗り越えて思考を更新していくのである。

TANAKA Hidemi
AOYAMA Shoji
MORIMOTO Takashi
OHNO Kei
NAKATA Toshiyuki
SEIYAMA Takao
NATSUSAKA Satoshi

どんな目的のための言葉か？　パート2

森本隆史

◆どんな目的のために言葉を発するのか？

教師は，算数の時間に様々な言葉を発している。できれば，それぞれの言葉に，きちんとした教師の意図をもって発せられるとよいというのがわたしの考えである。何となくではなく，目的をもって言葉を発していくということである。そのようなことを意識して，毎時間の算数の授業を，子どもたちと創っていくと，自然と教師の引き出しが増えてくる。

教師は算数の時間にどんな目的のために，どんな言葉を発しているのだろうか。

142号でもお伝えしたのだが，算数の時間に教師が発する言葉の目的には大きく4つあると考えている。

> （1）子どもと算数をつなげる
> （2）子どもと子どもをつなげる
> （3）子どもの心のハードルを下げる
> （4）教師が授業の設計をする

この4つの目的以外にも，言葉を発することはあるだろうが，授業を進めていく上で，この4つを特に意識している。

142号では，「子どもと算数をつなげる」ということについて少しだけ述べた。本号では，「子どもと子どもをつなげる」ということについて書かせていただく。

◆子どもと子どもをつなげる言葉

算数の授業をしていると，子どもたちは教師に向かって話したがることが多い。

手を挙げて指名された後，黒板の前に出てきて，説明しようとするだが，そのときも，子どもは教師を見て話そうとすることがある。「教師に聞いてほしい」という思いをもっているのだと思うし，友だちの方を向くのが恥ずかしいという子どももいる。

こんなときも，子ども同士をつなげていく必要がある。

わたしは，

「みんなに向かって話してくれる？」

と，発表している子どもに言うことがある。これは，発表している子どもに，聞いている子どもを意識させるためといえる。

算数の授業では，自分では思い浮かばない多様な考えがたくさん出てくる。自分になかった数学的な見方・考え方にふれることで子どもたちの資質・能力は育まれていく。

子どもたちには，友だちのすてきな見方・考え方をどんどん吸収してほしい。そのために，教師が子ども同士をつなげていくことが大切になってくる。

子どもと子どもをつなげる「言葉」にもいくつかの目的がある。

子どもと子どもをつなげていくためには，「聴く」ことを意識させることが重要となる。

何かを伝えたいと思っても，「自分の言ったことをきちんと聴いてくれる友だちがいる」という場を，教師がつくってあげなければ，子どもたちは安心して手を挙げることはできないだろう。ましてや，友だちの前で「わからない」と言うこともできない。

先ほどのように，黒板の前に立っている子どもが教師の方ばかりを見て，話そうとするのは，このことも関係している。

◆何のために話を聞くのか

何のために人の話を聞くように，子どもたちに伝えるのか。わたしは，人の話を聴くということは，「その人のことを大切にする」ということだと思っている。

そのことを大人である教師が，子どもたちに教えていくことが大切なのである。

> 「たった一つの話だが，その一つを聴いてもらえなかったら，友だちはどんなことを感じるのか」

そのことについて子ども自身が考えたり，感じたりするように促していくとよい。

子どもたちが友だちの話を聞いていない場合，教師が直接的に「話を聞きなさい」と，指導するのではなく，話を聞いてもらえなかった子どもにどんな気持ちだったかを，伝えてもらう方がよい。

「話している人の方におへそを向けます」

「人の話を聞くときは，うなずきながら聞きましょう」

などの言葉を発するのではなく，子どもの気持ちを尋ねるということである。形式的な言葉は，あまり意味がないと思っている。

Ａちゃんががんばって発表したのだが，聞いていない子どもがいるのを見取ったとき，下のようなことはよく起こってくる。

> 「Ａちゃんは何て言ってた？」（教師）
> 「……」（話を聞いていなかった子ども）

先ほど述べたように，教師はこのような場面で，「きちんと聞きなさい」というように指導したくなる。だが，ここではグッと耐える。このような言葉を教師が発しても，子どもと子どもをつなげるという部分では，効果があまりないからである。

では，このような場面で教師はどのようなことを言うのか。

> 「Ａちゃん、今、どんな気持ち？」（教師）

教師が上のように言ったとすれば，Ａちゃんは何と言うだろうか。ほとんどの場合，Ａちゃんにあたる子どもは「悲しい」と言う。

ただし，このままにしてはいけない。「もう一回お話してくれる？」と，Ａちゃんに言ってみる。このとき，先ほどの子どもは，Ａちゃんの話をしっかりと聞くだろう。ここで，「Ａちゃんは何て言ってた？」と尋ねてみる。ほとんどの場合，話の内容を言うことができる。ここでほめたくなるのだが，ほめない。「Ａちゃん，今，どんな気持ち？」と尋ねるのである。

「うれしい」という声が聞こえてくれば，子ども同士のつながりが強くなっていく。

TANAKA Hidemi

AOYAMA Shoji

MORIMOTO Takashi

OHNO Kei

NAKATA Toshiyuki

SEIYAMA Takao

NATSUSAKA Satoshi

ビルドアップ型問題解決学習

感覚とイメージを大切にした算数授業（4）

大野　桂

◆前回のあらすじ

　本題材は，「どんな四角形でも，4辺の中点を直線で結んでできた四角形は，必ず平行四辺形になる」に気づき，その理由を探求していく学習である。

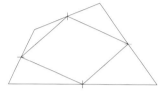

　前回の連載で，「もとの四角形の頂点を，左右に移動したらどうなるんだろう？」という子どもの疑問から，実際に動かすことで「平行四辺形」になることを確認した。

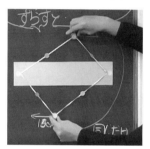

　しかし子供にイメージを聞いてみると，この段階では，「頂点を左右に動かす長さが同じなら平行四辺形になるが，動かす長さがちがったらただの四角形ができる」

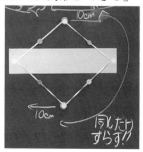

と，誤ったイメージを持っていることが分かった。本連載はこの続きから始まる。

◆片側だけ移動したら中にできる四角形はどうなる？

　前述したことを確かめるべく，「頂点の片方だけを真横に移動してみよう」という提案がなされた。そこで，片側だけ真横に移動したらどうなるかのイメージを問うてみると，「平行四辺形にはならないけど，きれいな形にはなると思う」という意見が多数表出した。しかし，数名は「平行四辺形になる」と述べていた。そのことを確かめるべく，実際に上の頂点は固定した状態にし，下の頂点だけを真横に移動し，中にできる四角形が平行四辺形になるかを確認することとした。

　移動した四角形を目視させてみると，子どもたちの反応は微妙であった。平行四辺形にはならないと言っていた子どもたちも「平行四辺形かなぁ？」という曖昧でよくわからない感じであった。

　ここで1時間目は終了。次時，できた四角

形が何かを明らかにすることとした。

◆真横に移動したら平行移動しているだけだから平行四辺形

　片側だけ頂点を真横に移動したら，中にできる四角形は何になるかを確認すべく，2時間目の冒頭で，丁寧に動きを確認してみた。

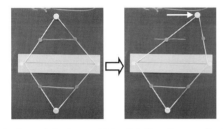

　多くの子どもが平行四辺形になることを確信した。

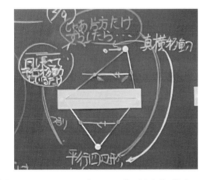

　確信に至った理由は，「平行移動」であった。もともとは，上下の向かい合う辺は長さが等しく平行で，上の頂点を真横に移動しても，同じ長さのまま平行移動しているだけだから，上下の辺は，長さが等しく平行は変わらないから平行四辺形ということであった。

◆片側の頂点を斜め上とかに移動したら移動する辺は平行にはならないと思う

　真横の移動なら，中にできる四角形は平行四辺形が保たれることが確認されたところで，ある子どもが，「頂点を，真横じゃなくて，斜め上とかに移動したら平行移動にはならない。移動する辺は斜めになる。だから，平行四辺形にはならない」という意見を表出した。

　ここで，片側の頂点を上下左右どこへでも移動させたとき，中にできる四角形は何なるかのイメージを問うと，「ただの四角形」「たまに台形になる」と様々だった。

◆片側の頂点を斜め上とかに移動したら移動する辺は平行にはならないと思う

　百聞は一見にしかず。実際に移動してみて，目視で確認することとした。

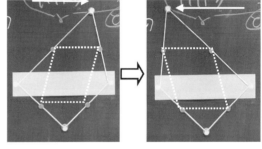

　すると，「平行四辺形だ！」と声を上げ，どこへ移動しても中にできる四角形は平行四辺形になることを，目視しで理解した。

◆頂点をどこへ移動しても，できる辺の幅は変わらない

　すると，「頂点がどこへ移動しても，できる辺の幅は変わらない」ということに気づく子どもが現れた。

　ここから，一気に話の舵が，拡大図・縮図へと切られていく。それは次号で……。

TANAKA Hidemi

AOYAMA Shoji

MORIMOTO Takashi

OHNO Kei

NAKATA Toshiyuki

SEIYAMA Takao

NATSUSAKA Satoshi

数がわかりやすくなる並べ方を考える
― 1年「いくつといくつ」「10より大きい数」―

中田　寿幸

1 10が分かるように並べよう！

前回は，8と9を子どもがどのように見ているのか，子どものブロックの並べ方から検討していった。

今回は10を子どもがどのように見ているのかを考える。

授業では「パット見て10だと分かる並べ方をしよう」という発問で，子どもたちに10個のブロックを並べさせた。

子どもは次のように並べた。

右は9の並びに1加えたものである。この1は上についたり，横についたりといろいろな場所ではあったが，分かりやすい3×3の9に1加えた形である。

右は5の列と5の列で10ととらえている子どもが多かった。しかし，8と2で10ととらえている子どもが複数いた。

下のように8と2で10ととらえている子どもと同様に2×4の並びに2個プラスしてできたものであった。

10というと教科書ではブロックが縦一列に並んだ図で示す。しかし，ブロックを10個並べてみてもそれが10個であるかどうかはパッと見ただけではわからない。

子どもには5と5で10になっていることを見せたのち，縦一列で10であることを教えていくようにしたいと思う。そして，5と5の間を空けたり，線を入れたりするなどして5のまとまりが見えるようにしていくとよい。

10を次のように並べた子どももいた。

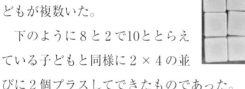

子どもたちは「この並びは分かりにくい」と言っていた。しかし，並び方としてはきれいである。そこで「どうしてこのように並べたのか？」を考えさせた。すると左の並べ方は「階段になっている」とその美しさに目を向けられた。

右の並べ方は3×3の9から真ん中をとった8が元になっていると私は見ていた。しかし，子どもは3と2で5で，それが2つと見ていたという。友だちの見方の面白さを味わうことができた。

② 16を分かるように並べよう

10をこえる数である16を分かりやすく並べるにはどのように並べるのかを授業で考えさせたときのことである。

10よりも大きい数は10といくつで表す子が多いと考えていたがそうではなかった。最も多かったのは4×4の形だった。9を3×3にした子どもが多かったように，正方形に並べるのは，子どもにとって定の形なのだろう。ただし，この形を子どもは次のように見ていた。

ここでも縦に4個並んでいるとみるだけでなく，2×2で4個と見る子どもがいる。このような友だちの見方の面白さを共有させていきたいと思う。数の並び，構成をどのように見ていくかだけでなく，図形の見方にもつながっていく。

この並べ方は4×2の8が2つと見る子どもと，5×2の10と3×2の6と見る子どもがいた。また，2×2の4が4個あると見る子どももいれば，2が8個と見る子どももいる。16という数を分解しながら，かけ算の見方の素地となっていった。

もちろん，10と6と分ける子どももいた。

「じゅうろく」という数詞に合わせた分け方であり，10といくつという見方をするときには，この並べ方が便利である。

ただし，10の並べ方として子どもが5と5の並べ方が分かりやすいと考える子どもは5と5と6で16という並べ方も認めていきたい。

③ 子どもが自然に一列の10を作るとき

子どもから10のまとまりを1列の棒状に並べる並べ方が出てくるには，ある程度全体の数が多くないと1列に並べるよさは感じられない。そこで，数える対象を多くして並べさせていったことがある。100になれば，右のように10×10の形に並べると思っていた。しかし，子どもは5×2を10個並べて100を作っていった。

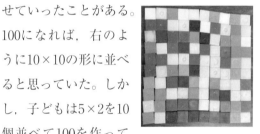

このときの10個のまとまりが10個あることもまた5×2になるように並べていた。

10のまとまりを1列の棒だけでなく，いろいろな形で見ていくことは子どもの数の感覚を高めていくことができる。子どもの素直な見方を認め合う活動を取り入れていきたい。

TANAKA Hidemi　AOYAMA Shoji　MORIMOTO Takashi　OHNO Kei　NAKATA Toshiyuki　SEIYAMA Takao　NATSUSAKA Satoshi

探究する子どもたち
—6年生　文字式の活用—

盛山隆雄

1 問題提示

正方形を次のように5個つなげた図形の周り
の長さを求めましょう。

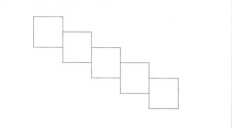

図は，1辺4cmの正方形を2cmずつずら
してつなげている。

問題の理解はさほど難しくはないので，子
どもたちは早速解決にとりかかった。この段
階では，文字式を使うことは条件にない。

本授業では，正方形が何個になっても求め
られる式をつくることを最終ゴールと考えて
いた。その一般化のために，文字式を使うこ
とができればよい。

ところが，子どもたちの様子を見て回ると，
既に文字式を使って一般化しようとする動き
が見られた。そこで，次のように紹介した。
「みんな，聞いてくれる？正方形の個数をa
個として文字式に表している人がいます。ど
うして文字式にしようとしているかわか
る？」（板書しながら）

すると，次のような返事が返ってきた。

「正方形が何個になっても求められる式をつ
くろうとしているからだと思います。」

途中にこのようなやりとりをして，文字式
で表すことを1つの目標とした。しかし，文
字式を使わないで，まずは問題解決をするこ
とが課題であることも確認した。

文字式を使って一般化しようとする子ども
たちは，特別に算数ができる子どもというわ
けではない。それまでどんな問題解決におい
ても，基本的に問題を発展させて一般化する
という考え方をしてきたので，そういう態度
が身についていたのである。

2 多様な考え→文字式を用いて一般化

まず発表されたのは，次のような考えだっ
た。

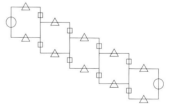

・$\underset{\bigcirc}{4\times2}+\underset{\triangle}{4\times5\times2}+\underset{\square}{2\times(5-1)\times2}=64$

下線の式は，図の○，△，□の部分の長さ
に対応している。この式に対して，次のよう
な意見が出された。

「正方形の個数をa個にして表してみよう

よ。」

この意見にみんなが賛成し，a を用いてみんなで式に表し直してみた。

・$4×2+4×a×2+2×(a−1)×2$

そして，この式を整理すると次のような式になった。

・$8+8×a+4×(a−1)$

　$=12×a+4$

この式があれば，例えば正方形の数が100個になっても $12×100＋4＝1204$ と周りの長さを求めることができる。

次のような考えも現れた。

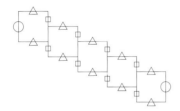

・$\underset{○}{4×2}+\underset{△}{4×5×2}+\underset{□}{2×(5−1)×2}=64$

先ほどの式の正方形の個数を a 個，正方形の一辺の長さを b cm として式に表してみたことを話した。次のような式が発表された。

・$b×2+b×a×2+\dfrac{b}{2}×(a−1)×2=b×2+b$
　$×a×2+b×a−b$

もし正方形の一辺の長さが4 cm で100個だったら，$4×2+4×100×2+4×100−4＝1204$ となる。やや複雑だが，正しい値を出すことができた。正方形一辺の長さと個数がいくつの場合でも答えを導ける式に，みんなで感動した。

さらに，次のような求め方も発表された。正方形1個の場合，2個の場合，3個の場合……，と周りの長さを求めて表に表した。そ

して，差にきまりを見いだして式を作ったということだった。

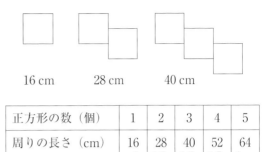

正方形の数（個）	1	2	3	4	5
周りの長さ（cm）	16	28	40	52	64

＋12　＋12　＋12　＋12

周りの長さは，16 cm から12 cm ずつ増えている。これを式に表すと，次のようになった。

・$16＋12×4＝64$　　　答え64 cm

これを見て，子どもたちは次のように話した。「これも文字式にしてみようよ。」

このような言葉を聞き，正方形の数を a 個とする式を考えた。

・$16＋12×(a−1)$

増える数は，（正方形の数−1）だけあるということが説明された。

正方形100個の場合は，$16＋12×(100−1)＝1204$，正しい値を求めることができた。さらに子どもたちは，正方形の一辺の長さを b cm として式にすることを考えていった。

最初の16は，$b×4$ と置くことができる。12 cm ずつ増えるというきまりは，b を使って式に表すことができるのかを考える子どもたち。誌面の関係でこれ以上エピソードを綴ることはできないが，最終的に次の式ができたことだけお伝えしておきたい。

・$b×4＋b×3×(a−1)$

TANAKA Hidemi

AOYAMA Shoji

MORIMOTO Takashi

OHNO Kei

NAKATA Toshiyuki

SEIYAMA Takao

NATSUSAKA Satoshi

「速さ」の公式は必要か？

夏坂哲志

5年生の「速さ」と3年生の「わり算」

　5年生で学習する「速さ」は，子どもにとって難しい内容の一つとされる。問題文に出てきた2つの数値をかければよいのか，割ればよいのか。割るとしたら，どちらをどちらで割るのか。子どもは，その判断に迷うようである。そのため，「はじき」「みはじ」といった覚え方に頼ってしまう教師や子どもも見受けられる。

　そのような教え方をする教師は，困っている子どものためを思ってそうするのだと思うが，子どもはなぜその計算になるのかをわからないまま練習を繰り返すことになる。それでは，正しい答えを求めることができたとしても，「速さ」の意味や計算について考えていることにはならない。

　例えば，「6km進みました。3時間かかりました。時速何kmですか（1時間当たり何km進んだことになりますか）」という問題（問題Aとする）の場合，時速は6÷3の計算で求められる。3時間を3等分すれば1時間になるのだから，6kmを3等分すれば1時間当たりの道のりが求められる。

　この関係は，「6mのロープがあります。3人で（同じ長さずつ）使います。1人が使える長さ（1人分の長さ）は何mですか」という問題の，6mを3等分するのと同じと見ることができる。図に表しても，それほど違いはない。

　とすれば，場面と問題の意味が理解できれば，3年生でも問題Aの答えを求めることができるのではないだろうか。

　確かに，「時間や道のりをそろえて比べる」という考え方や「実際には速さは変化しているけれど，等速で移動していると考える」とか「時間と道のりの間に比例関係がある」というような見方も必要である。そういう意味では，3年生で「速さ」の学習をするのは早いと言える。

　しかし，「1秒当たりに進む道のり」を求めたり，その値を使って「○秒間に進む道のり」を求めたりするための計算を考えることは，3年生でも可能だと考える。

　そこで，今年の3月に開催した「スプリングフェスティバル」では，3年生の子を対象に，次のような授業を行ってみた。

　（読者の中には，参加されて授業ビデオをご覧になった方も多いと思います。ありがとうございました。また，この時の板書は，本誌140号 p.22に掲載しています。そちらも合わせてご覧いただきたいと思います。）

2 公式が難しくしている？

　PCで，下図の場面を提示した。クマが左の方から森に向かって歩いている。スタートしてから3秒後に，クマは森の中に入ってしまい，姿が見えなくなる。このクマがスタートしてから5秒後の位置を考えるという問題である。

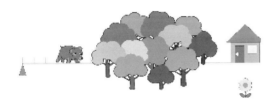

　スタート地点から森までの距離を調べると6cm。つまり，3秒で6cm進むということである。この情報を使って，5秒後の位置を求めるために，子どもは，「1秒当たりに進む距離（秒速）」を6÷3＝2（m）と求め，「5秒間に進む距離」を2×5＝10（m）と計算した。

　この問題は，「袋が3つあります。袋の中には煎餅が同じ数ずつ入っていて，煎餅の総数は6枚です。では，袋が5つのとき，煎餅は何枚でしょうか」という問題と似ている。この問題の場合は，1袋当たりの煎餅の枚数を求めてから5倍すれば答えが求められる。

　クマの問題も，同じようにして考えてもらえればよい。実際に，授業では3年生の子たちが正しい答えに到達できた。

　ところで，このクマの問題場面を，5年生向けの「速さ」の文章題に書き表したら，どんな文になるだろうか。

「クマが6mを3秒で歩きました。

　①このクマの秒速を求めましょう。

　②このクマが5秒間で進む距離を求めましょう。」

　このような問題になったとたんに，「秒速を求めるには，道のり÷時間（秒）だから…」のように，公式に頼ってしまう子も多いのではないだろうか。もし，そうだとすれば，「速さ」の公式は，子どもの素直な考え方を邪魔していることになる。

　もしかしたら，指導する側も，3年生までに指導するかけ算やわり算の範囲で答えが求められる問題だという見方をしていないのかもしれない。構造的には同じ問題なのに，「速さ」「道のり」「時間」を求める公式を使えるようにすることを目的とすれば，急に難しくなってしまう。

　確かに，公式があれば，その公式に当てはめることによっていつでも答えを求めることができるよさはある。「速さ」「道のり」「時間」の関係を捉えて，公式にするまでの過程も大事にしたい。しかし，公式があることで難しくなってしまう場合もある。例えば，「15分で2km進む自転車の時速を求めなさい」のような問題である。公式に当てはめると2÷0.25となるが，「1時間で進む道のり」を求めればよいと考えれば，式は2×4でもよい。公式に当てはめるためには，時間の単位換算（15分＝0.25時間）をしなければならない点も，この問題を難しくしている。

　「なぜ，その式になるのか」をみんなで考える過程を大切にしたい。

TANAKA Hidemi

AOYAMA Shoji

MORIMOTO Takashi

OHNO Kei

NAKATA Toshiyuki

SEIYAMA Takao

NATSUSAKA Satoshi

609

『この1冊で身につく！　1年生の算数思考力』小学館　著／大野桂　定価880円（税込）

　小学館のWEBサイトを見ると「1年生に必要な思考力と論理力がつくドリル」とある。

　1年生に必要な思考力とは何か，論理力とは何かと言われてもなかなか言葉にはできない。1年生には思考力，論理力を身につけるなんて……まずは話を聞くこと，そして，ノートを使えるようにすること……などと思ってしまうのではないだろうか。それももちろん大事だが，同時に1年生にも思考力と論理力も育てていきたいと思う。

　表紙には「この1冊で身につく！」とある。しかし，このドリルを子どもが一通り解いても，思考力，論理力がすぐに身に着くものではないと思った。だが，このドリルのように問題を提示し，ドリルにあるように授業が展開されていけば，思考力，論理力は育っていくことはイメージできる。

　思考力，論理力を身につける問題となると，かなり難しい問題を扱っているのではないかとドリルを開く前は思っていた。

　ところが，ドリルの中で提示されている問題は教科書でも普通に載っている問題である。ということは，教科書にある問題でも提示の仕方，どのような考えを引き出せばよいのか，どう発展させていくかがわかれば，1年生の

子どもに思考力，論理力を育てていく授業をつくっていくことができるということである。

　このドリルは子どもにさせたいだけでなく，同時に子どもの保護者に，そして，教師に見てもらいたいと思う。

　教科書にある問題をどのように提示し，どのように展開していくといいのか。実際の問題を見ながら，授業を作っていける。

　WEBサイトには次のようにもあった。

　「算数を得意にするには，その内容の本質は何か，それが他の内容とどのようにつながるかを深く考える力，『算数思考力』が必要。大野桂が，1年生で身につけたい『算数思考力』を全19題の問題に盛り込んだ」

　1年生に身につけさせていきたい思考力，論理力を「算数思考力」と表現している。「算数思考力」を育てる具体的な問題と考えていく流れが19も出ている。1年生の「算数思考力」を育てる授業を子どもにも教師にも，このドリルで体験してほしいと思う。

610

『この1冊で身につく！　2年生の算数思考力』小学館　著／大野桂　定価880円（税込）

　ドリルの中から問題を1つ紹介する。

　【大野先生の算数クイズ】

　たし算が かんたんに なるように □に 1けたの数を 入れよう！

　　24＋□＋18

　一の位どうしの たし算は どんな数のときが かんたんかな？　小学館のWEBサイトではためし読みもできる。

ⓑ 『算数授業研究』支部紹介

branch introduction

　現在，『算数授業研究』の支部は11支部あ
ります。共に学ぶ先生方が増えてきて，算数
部一同大変うれしく思っているところです。

　今回は山口県の「YA・MAGUCHIの会」
という支部について，その活動等を紹介し
ます。

YA・MAGUCHIの会（メンバーは11人）

　YA・MAGUCHIの会は「算数の本質を子どもから引き出す授業づくり」を目指して，
仲間と共に学ぶことを楽しんでいる会です。月に一度，対面で集まり，取り組んだ授業
の「実践交流」をしたり，これから取り組みたい授業について「授業検討」をしたりし
ています。また，若手メンバーだからこそ，日々の悩みを共有する「相談会」も行って
います。日頃の指導で悩んだことを話題として提供し，他のメンバーならどうするか話
し合っています。先日，初任の先生から「教師の意図していない発言が出てきたときに，
みなさんだったらどうしますか？」という話をすることがありました。このようなことは，
誰しも経験することだと思いますし，人によって考える手立てが異なると思います。そ
れぞれの意見を交流することで，同じような場面に出会った時，教師の手立てが変わっ
てくると思います。

　他にも，ある単元の1時間の授業をどうつくるのか考える「教材研究会」にも取り組
んでいます。「どうやって日頃の授業をつくっていますか？」というお悩みから始まった
企画です。教師の日頃の教材研究の仕方・授業のつくり方は，人によって異なります。
その方法や考え方をみんなで共有することで，単元で大切にしたいことや自分にはない
手立てが学べ，授業の幅が広がると実感しています。

　私たちは，山口県のがんばっている先生方とつながりたいと思っています。対面の研
修会が少なくなり，仲間と出会い・つながる機会が減ってきています。だからこそ，今
の繋がりを大切にし，そこから輪を広げていきたいです。頑張っている先生の周りには，
頑張っている先生が必ず集まってくると思っています。本誌を手に取られるようなアツ
い方々ともつながりたいです（もしご興味ありましたら，次のQRコードからご連絡くだ
さい）。

　アツい仲間たちと一緒に，子どもを大切にする授業を山口県にもっともっと広げてい
きたいです。
（間口優紀）

ⓔ 編集後記
editor's note

◆新型コロナウイルスの影響でストップしていた海外での算数授業研究会が解禁された。

私は，今３年ぶりにコペンハーゲンの算数授業研究会に訪れている。今日，現地の先生の研究授業の協議会のパネリスト，そして，講演をおこなった。印象的だったのは，現地の先生から発せられる驚くほど多くの質問と，活発な議論である。それは，まさに「学びたい」という意思のある姿であった。

現地の先生が行なった研究授業は，２年「２桁－２桁」の授業であった。題材は，29－13の計算の仕方を考える場面であった。子供たちの反応をみると，多くの子供が「数え引き」をしていた。つまり，本時のねらいである，「位ごとに引く」という反応はほとんどなかった。協議会で，ねらいに迫る子供がほとんどいなかった原因として，これまでの子供の学びは十分であったのか，また，学びが繋がってきていないのではないかという問題提起をした。そして，日本の算数のカリキュラムの話をし，カリキュラムの重要性をうったえかけた。

現地の先生は，私のカリキュラムの話に強い興味を示し，コペンハーゲンでも，これからカリキュラムについて深く考える必要があると課題意識を持ったようであった。私は，この現地の先生の姿から，「学び手」に必要なのは必要感と意欲であると感じた。

我々教師は，理想的な「学び手」になっているのだろうか。そして，「学び方」を知っているだろうか。まずは我々が「学び方」を学ぶことが大切であると感じせられた授業研究会であった。　　　　　　（大野　桂）

ⓝ 次号予告
next issue　　　　　　　　　No.144

特集　算数が苦手な子・得意な子への指導

計算を間違えがちである，理解するのに時間がかかる，そんな「算数が苦手な子」が教室にはいる。それと同時に，計算が早い，公式を知っている，先行知識を持っているといった「算数が得意な子」が存在している。

教室の中で一緒に学んでいる「苦手な子」と「得意な子」を授業の中でどのように生かし，どのように考えを深めさせていくのか。その指導はどうあるべきかを考える特集にしたい。

ⓢ 定期購読
subscription

『算数授業研究』誌は，続けてご購読いただけるとお得になる年間定期購読もご用意しております。

■ 年間購読（６冊）5,292円（税込）
　［本誌10％引き！　送料無料！］
■ 都度課金（１冊）980円（税込）
　［送料無料！］

お申込詳細は，弊社ホームページをご参照ください。定期購読についてのお問い合わせは，弊社営業部まで（頁下部に連絡先記載）。　https://www.toyokan.co.jp/

算数授業研究 No.143
　　　　　　2022年10月31日発行

企画・編集／筑波大学附属小学校算数研究部
発　行　者／錦織圭之介
発　行　所／株式会社 東洋館出版社
　〒101-0054　東京都千代田区神田錦町2丁目9番1号
　　　　　　　　　　コンフォール安田ビル２階
　　　電話　03-6778-4343（代　表）
　　　　　　03-6778-7278（営業部）
　　　振替　00180-7-96823
　　　URL　https://www.toyokan.co.jp

印刷・製本／藤原印刷株式会社
ISBN 978-4-491-05049-2　Printed in Japan

見やすい二色刷り

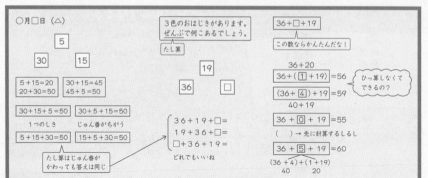

本時案

おはじきは全部で何個あるのかな？

本時の目標
・3口のたし算場面を通して、たし算の交換法則と結合法則が成り立つことや、式の中に（ ）を用いる意味を理解することができる。

本時の評価
・たし算の交換法則が成り立つことを理解することができたか。
・たし算の結合法則が成り立つこと及び（ ）を用いて式を表す意味を理解することができたか。

準備物
・おはじきの数を書いたカード

授業の流れ

1 全部で何個あるでしょう？

問題場面を提示し、おはじきの個数を書いた3つのカード（30、5、15）を見せる。子どもは、たし算の場面だと判断し、個数を求める式を書く。そしておはじきの数は、2つの式でも1つの式でも求められること、足す順番が変わっても答えは同じだということを確かめる。

何色のおはじきの数から足してもよいので、たし算の交換法則が成り立つ意味が理解しやすい。

2 たし算は順番が変わっても答えは同じだから…

もう1組のおはじきの数（36、□、19）を示す。ところが、1つの色のおはじきの数は決まっていない。後で数を決めることを伝え、1つの式に表すことにする。

3 「36+□+19」の計算が簡単にできる数を入れよう！

「36+□+19」の□の中に、この数だったら簡単に計算できると思う数を書き入れさせると、上のような数を入れている。

4 どうしてその数にしたのかな？

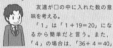

友達が□の中に入れた数の意味を考える。
「1」は「1+19=20」になるから簡単だと言う。また、「4」の場合は、「36+4=40」になるから簡単で、どちらも足すと一の位が0になる数にしていることが分かってくる。
さらに「5」の場合は、これを4と1に分けて、「36+4=40」と「1+19=20」にしていることも理解される。

まとめ

たし算は足す順番を変えても答えは変わらないこと、そして、3口のたし算の場合に右側から先に計算しても左側から計算しても答えは変わらないことを確かめる。また、3口のたし算で先に計算することを表す記号に（ ）があることを教える。
36+（1+19）=56
（36+4）+19=59
36+5+19=（36+4）+（1+19）=60

おはじきは全部で何個あるのかな？
048

第11時
049

各巻1本の授業動画付

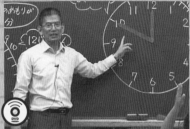

1年（上）中田 寿幸 「とけい」第2時

2年（上）山本 良和 「たし算」第11時

3年（上）夏坂 哲志 「わり算」第10時

4年（上）大野 桂 「倍の見方」第1時

5年（上）盛山 隆雄 「小数のわり算」第1時

6年（上）尾﨑 正彦 「対称な図形」第1時
関西大学 初等部 教諭